I0753317

A Las Puertas De Glyona

Cuando la Civilización Vuelve a Depender del Ciudadano

Octavio Pittaluga

GLYONA PRESS

A las puertas de Glyona

Primera Edicion: Abril de 2026

Tiraje: 500 ejemplares

ISBN: 979-8-9956131-0-7

Publicado por Glyona Press

A mis hijos, Siena y Lucca,
Que estas páginas les recuerden algo simple:
ninguna sociedad se sostiene sola.
Cada generación enfrenta desafíos distintos.
Pero la responsabilidad no cambia.
Pensar con claridad.
Actuar con voluntad.
Y no delegar lo que solo uno puede construir dentro de sí.
Si este libro logra acompañarlos en ese camino, habrá cumplido su propósito.

“Las civilizaciones no desaparecen cuando pierden riqueza o territorio. Desaparecen cuando sus ciudadanos dejan de ser la fuerza que las sostiene.”

PREFACIO

Empecé a escribir este libro a partir de una inquietud que se repetía a mi alrededor. En conversaciones cotidianas —en el trabajo, con amigos, en la familia— aparecía el mismo patrón. Se hablaba con facilidad de lo que falta, de lo que el Estado no garantiza, de lo que debería cambiar. Pero cuando la conversación giraba hacia los deberes, algo cambiaba. El interés desaparecía. El tema se volvía incómodo. Y muchas veces se evitaba. Es más fácil señalar lo que no se recibe que examinar lo que uno mismo sostiene. Hablar del sentido de la vida, de lo justo, de la verdad o del rol frente al poder suele percibirse como algo lejano. Incluso irrelevante. Sin embargo, ahí está el problema de fondo. No en lo que falta, sino en lo que dejamos de asumir.

Este libro nace también de una duda personal: si estas ideas son tan centrales, ¿por qué cuesta tanto hablar de ellas? ¿Es desinterés... o falta de claridad para pensarlas y expresarlas? Escribir fue una forma de ordenar esa búsqueda. No para imponer respuestas, sino para encontrar un lenguaje más preciso. Y, quizá, abrir un espacio donde otros puedan reconocer esta misma inquietud.

Si estas páginas logran que alguien se detenga a examinar su papel dentro de la sociedad, el propósito de este libro ya estaría cumplido.

Índice

INTRODUCCIÓN

Las civilizaciones no colapsan cuando pierden su riqueza o sus territorios. Colapsan cuando quienes las integran dejan de asumir la responsabilidad de sostenerlas.

A lo largo de la historia, las sociedades han construido gobiernos para organizarse, economías para distribuir recursos y culturas para dar forma a sus creencias. Durante un tiempo, estas estructuras proyectan estabilidad. Pero la historia muestra un límite constante: ninguna institución se sostiene por sí sola. Depende de la conducta de sus ciudadanos. Una sociedad se mantiene cuando sus integrantes deciden —por voluntad, no por obligación— vivir con sentido, actuar con justicia, buscar la verdad y legitimar el poder que los representa. Estos cuatro pilares sostienen todo orden civilizado. Cuando se debilitan, lo construido comienza a fallar. Este deterioro no ocurre de forma inmediata. Avanza en lo cotidiano. En lo que se tolera. En lo que se ignora. En lo que deja de cuestionarse. Hoy ese proceso se acelera. La tecnología oculta consecuencias. La política se convierte en espectáculo. La economía se vuelve abstracta. La cultura pierde un significado común. Como en un edificio, cuando fallan los cimientos, las grietas aparecen antes del colapso.

Este libro observa ese momento y lo llama Glyona. No es un lugar. Es un umbral. El punto en que el sistema deja de sostenerse por inercia y depende, otra vez, de la acción consciente de las personas. Las civilizaciones del pasado enfrentaron este mismo límite, Egipto tuvo orden, Roma tuvo leyes, Grecia tuvo filosofía, todas creyeron haber encontrado una estructura capaz de perpetuarse en el tiempo pero ninguna lo logró.

Hoy el mundo dispone de una tecnología sin precedentes, y como antes, confía en que su mayor fortaleza será suficiente. Pero vuelve a ignorar lo esencial: ningún sistema reemplaza la responsabilidad del individuo. Solo una ciudadanía unida por un sentido coherente puede sostener una civilización.

La diferencia es que esta vez el proceso ocurre más rápido y de forma menos visible. Las señales ya están presentes.

Para entender este momento, el libro se organiza en tres partes.

La primera examina los fundamentos: sentido, justicia, verdad y poder. No como ideas abstractas, sino como condiciones necesarias para sostener el orden.

La segunda observa cómo esos principios toman forma en estructuras complejas: gobierno, economía y cultura, y cuál es el papel del individuo dentro de ellas.

La tercera regresa al origen: la persona. Explora el carácter y la capacidad de gobernarse a uno mismo, bajo una premisa simple: ninguna institución puede sustituir la decisión individual de vivir aquello que se afirma.

La historia, aquí, no aparece como pasado, aparece como espejo. No se detiene solo en lo que otras civilizaciones crearon, creyeron o perdieron. Nos obliga a mirar sus errores para preguntarnos qué estamos dispuestos a corregir en la nuestra. Por eso, la pregunta final no es qué mundo te tocó vivir. Es si vas a mirarlo como si no dependiera de ti o si vas a reconocer que también se sostiene con lo que haces cada día. Ese es el umbral. Ahí comienzan las puertas de Glyona.

Parte I

LOS 4 PILARES QUE SOSTIENEN TODO

GLYONA PRESS

SENTIDO

Toda sociedad intenta responder, de alguna forma, a una pregunta elemental: ¿cuál es el sentido de la vida? No siempre lo hace de manera explícita. Pero esa respuesta define cómo se organiza, qué valora y cómo actúan quienes la integran. A lo largo de la historia, distintas civilizaciones buscaron esa respuesta en la religión, la filosofía o la ley. Las formas cambian, pero el propósito se mantiene: ordenar la vida en común con justicia.

Cuando el sentido se vive, la sociedad tiene dirección. Cuando deja de vivirse, la crisis se vuelve visible en la injusticia.

Toda civilización ha desarrollado una visión sobre el sentido de la vida. Algunas la expresaron mediante mitos complejos; otras, a través de principios más simples. Pero lo decisivo no era la forma del relato, sino su capacidad de unir a una comunidad alrededor de un sentido vivido. Una visión solo sostiene el orden común cuando logra orientar la conducta humana.

Al revisar la historia, encontramos muchos ejemplos de lo que ocurre cuando las personas viven de acuerdo con ese sentido y también de lo que ocurre cuando dejan de hacerlo. Hoy esa distancia sigue siendo visible. Se habla de valores, de propósito y de sentido, pero en la vida diaria esas ideas no siempre se reflejan en las decisiones que toman las personas.

No es solo una cuestión de respuestas. Es una tensión entre lo que se afirma y cómo se vive. Y ese dilema no es nuevo. Las primeras civilizaciones que lograron organizar grandes sociedades también enfrentaron esa misma tensión. Tuvieron que preguntarse no solo qué sentido tenía la vida, sino cómo ese sentido podía sostener el orden en el tiempo.

En el antiguo Egipto, esta búsqueda tomó una forma particularmente clara. Durante casi tres milenios, una misma idea orientó la vida egipcia. Ahí comienza nuestra primera parada en el pasado.

Egipto: El Orden Que Se Vive

Hace más de cinco mil años, alrededor del 3100 a.C., a orillas del río Nilo comenzó a formarse una de las civilizaciones más duraderas de la historia: Egipto. Con el rey Narmer, se unieron el Alto y el Bajo Egipto, dando nacimiento a uno de los primeros Estados organizados de gran escala. La geografía, con sus grandes desiertos actuando como barreras naturales, permitió una continuidad cultural sin invasiones por milenios, una estabilidad casi desconocida en el mundo antiguo.[1]

Pero la permanencia de Egipto no dependía solo del poder del faraón o de sus desiertos, dependía del: Maat. Este era la representación del orden y el equilibrio del universo. Para los egipcios, el cosmos funcionaba correctamente solo cuando cada individuo vivía en armonía con ese balance. La verdad, la justicia y el autocontrol no eran simples virtudes personales; eran la herramienta humana para mantener el mundo en pie. Esta responsabilidad individual se reflejaba en las 42 declaraciones de inocencia. Según la tradición egipcia, al morir, el individuo debía comparecer en el Juicio de Osiris. Allí, el corazón del difunto era colocado en una balanza frente a la pluma de Maat. Si el corazón pesaba lo mismo que la pluma, significaba que la persona había

1. Toby Wilkinson, *The Rise and Fall of Ancient Egypt* (New York: Random House, 2010), 36–45.

vivido en armonía. Si pesaba más, cargado de injusticia o egoísmo, la criatura Ammit devoraba el órgano y el alma dejaba de existir.[2]

Mientras esta convicción se mantuvo viva, la sociedad egipcia logró una estabilidad extraordinaria, permitiendo avances en arquitectura, medicina y astronomía.

El mensaje era claro: la vida tenía sentido porque cada acción contribuía al equilibrio colectivo. Nadie era una pieza aislada. Todos formaban parte de un organismo vivo, donde lo que afectaba a uno alteraba el destino de todos. Los unía un propósito común: actuar conforme a un orden cósmico que sostenía el equilibrio del mundo, la salida del sol cada mañana y el curso constante de las aguas del Nilo.

Sin embargo, ninguna civilización permanece intacta para siempre. A partir del primer milenio a.C., Egipto enfrentó dominaciones externas: asirios (671 a.C.), persas (525 a.C.), Alejandro Magno (332 a.C.) y, finalmente, Roma (30 a.C.). Cada conquista no solo cambió el poder político, sino que fragmentó la cultura. Nuevas lenguas y creencias comenzaron a convivir con las antiguas, y aquello que había sido una convicción compartida empezó a convertirse en recuerdo.

El Maat siguió existiendo en los muros de los templos, pero cada vez menos personas organizaban su vida diaria alrededor de esa idea. Cuando el sentido deja de orientar la conducta cotidiana, termina convirtiéndose en mito. La civilización egipcia no desapareció de golpe, pero el soporte que sostenía su orden dejó de ser el centro de su cultura.

La experiencia egipcia nos advierte que incluso una visión del mundo capaz de sostener una civilización durante milenios

2. Jan Assmann, *The Mind of Egypt: History and Meaning in the Time of the Pharaohs* (New York: Metropolitan Books, 2002), 58–72.

puede desvanecerse cuando deja de practicarse en la vida cotidiana. Las civilizaciones no comienzan a morir en sus estructuras, sino en la conducta de sus ciudadanos. Porque ninguna sociedad se sostiene solo por su poder, sus leyes o sus instituciones, sino por personas que viven diariamente los principios que dicen defender.

Zoroastro: La Elección Que Sostiene El Mundo

Hace más de dos mil quinientos años, en las regiones que hoy corresponden a Irán y Asia Central, apareció una enseñanza que transformaría para siempre la comprensión del bien y el mal. Su figura central fue Zoroastro —también llamado Zaratustra—, un pensador y líder espiritual que propuso una visión revolucionaria sobre el sentido de la vida.[3] Según esta tradición, el mundo no era simplemente un espacio para mantener un equilibrio natural estático; era el escenario de un enfrentamiento cósmico entre dos fuerzas opuestas: Ahura Mazda, la luz de la verdad, la sabiduría y el orden; y Angra Mainyu, la encarnación de la mentira, el caos y la destrucción. El ser humano no era un espectador, sino el factor determinante en esta lucha. En esta visión el resultado de esta batalla no dependía exclusivamente de las fuerzas, sino de las decisiones de las personas que debían dominar a estas fuerzas en cada una de sus acciones.

La tradición Zoroastriana resumía esta inmensa responsabilidad en una tríada ética fundamental: buenos pensamientos te llevan a buenas palabras y estas a buenas acciones. Bajo esta óptica, la mentira, la violencia o el engaño no eran solo errores individuales;

3. Mary Boyce, *Zoroastrians: Their Religious Beliefs and Practices* (London: Routledge, 1979), 18–35.

eran actos que fortalecían las fuerzas destructivas del universo. Del mismo modo, vivir con honestidad y justicia no era solo una virtud privada, sino la forma de sostener el orden divino en la Tierra.

Según esta antigua tradición, cada alma debía atravesar el Puente de Chinvat, donde sus acciones eran evaluadas. Quienes habían servido a la verdad cruzaban hacia una existencia superior; quienes se habían entregado a la mentira, caían hacia un destino de oscuridad.[4] Más allá de su lenguaje religioso, el mensaje para la civilización era fuerte: el orden del mundo no se sostiene solo con estructuras políticas o tradiciones heredadas, sino con la conducta moral de cada individuo.

El zoroastrismo nos dejó una lección que resuena hasta hoy: si el bien y el mal existen, el orden solo puede sostenerse mediante la elección humana. Y esa elección no la realiza una institución, una doctrina o un sistema. La realiza cada persona.

El sentido de la vida deja de ser un simple equilibrio para convertirse en responsabilidad moral. Ya no eres un espectador dentro del mundo. Cada acción fortalece el orden o alimenta el caos. Y en esa elección cotidiana también se decide la estabilidad de la civilización.

Judaísmo: La Ley Que Forma La Vida

Hace casi cuatro mil años, en el antiguo Cercano Oriente, surgió una tradición que transformaría la relación entre lo divino, la ley y la conducta humana. Según la tradición judía, esta historia

4. Jenny Rose, *Zoroastrianism: An Introduction* (London: I.B. Tauris, 2011), 70–85.

comienza con Abraham en el segundo milenio a.C., quien afirmó una idea radical para su tiempo: la existencia de un solo Dios y un pacto con él. Esta convicción transformó la religión de la época. Antes, múltiples dioses justificaban acciones que se contradecían. Al establecer un solo sentido de la vida, se definió un único orden moral, independiente de reyes y de costumbres cambiantes. Esto dio coherencia a la conducta diaria.[5]

Con Moisés, alrededor del siglo XIII a.C., este compromiso tomó forma a través de la Torá y los Diez Mandamientos. Estas leyes no regulaban solo rituales; organizaban la justicia, el respeto por la vida, la honestidad y el descanso. El sentido de la vida se convirtió en una praxis: no matar, no robar, no mentir y no aprovecharse del débil. Esta estructura produjo un fenómeno particular en la historia: la identidad de un pueblo dejó de depender exclusivamente del territorio o del poder político para basarse en una ley compartida. A lo largo de los siglos, los reinos de Israel y Judá sufrieron invasiones destructivas. En el año 70 d.C., el Imperio romano destruyó el Templo de Jerusalén y, tras la rebelión de Bar Kojba en el 135 d.C., la población fue expulsada, iniciando una de las dispersiones más largas de la humanidad.[6]

Durante casi dos mil años —desde el siglo II hasta 1948— el pueblo judío vivió sin una tierra propia, disperso por Europa, África y el Medio Oriente, enfrentando siglos de persecución y discriminación. Sin embargo, el pueblo no desapareció. Su unidad no dependía de fronteras, sino de un sentido compartido. La memoria histórica, la lectura de la Torá y la ética del Pacto actuaron como un vínculo invisible que atravesó generaciones y fronteras.

---

5. Mark S. Smith, *The Origins of Biblical Monotheism: Israel's Polytheistic Background and the Ugaritic Texts* (Oxford: Oxford University Press, 2001), 135–158.

6. Martin Goodman, *Rome and Jerusalem: The Clash of Ancient Civilizations* (New York: Vintage Books, 2007), 382–410.

La experiencia judía ofrece una lección fundamental para las civilizaciones: un territorio puede perderse y las instituciones pueden derrumbarse, pero un sentido profundo sobre cómo vivir puede mantener unido a un grupo humano durante milenios.

El sentido no es solo una creencia; es el soporte que permite a una comunidad resistir la dispersión y la ausencia de poder político. Pero esta tradición también dejó una pregunta abierta que cambiaría el rumbo de Occidente: si una ley moral puede sostener a un pueblo, ¿puede ese mismo sentido extenderse más allá de una sola comunidad para abarcar a toda la humanidad? Esa interrogante comenzaría a explorarse con la enseñanza de Jesús de Nazaret.

Cristianismo: La Conciencia Que Responde

Durante el dominio del Imperio romano, apareció Jesús de Nazaret, un hombre del pueblo judío. Su enseñanza no se presentó como una ruptura total con la tradición judía, pero sí desplazó el acento de la acción hacia la conciencia: el problema moral ya no solo consistía en cumplir los mandamientos por obligación a un pacto con Dios, sino se planteaba en la intención, la conciencia y la respuesta interior de cada persona ante el bien y el mal.[7]

Por primera vez, el sentido de la vida no consistía únicamente en cumplir normas o pertenecer a una nación. Consistía en una práctica que brotaba del individuo: amor al prójimo, compasión y perdón. Este cambio llevó la ética a un terreno mucho más

---

7. N. T. Wright, *Jesus and the Victory of God* (Minneapolis: Fortress Press, 1996), 289–310.

exigente: ya no bastaba con parecer justo ante los demás; era necesario responderse a uno mismo por la propia acción en la soledad de la conciencia.

Durante los primeros siglos, pequeñas comunidades comenzaron a vivir esta enseñanza en los márgenes del Imperio. Su mensaje ofrecía un sentido que no dependía del origen social, la riqueza o el linaje; era un camino abierto a cualquier ser humano. Esta universalidad del sentido permitió que la visión ganara una influencia entre los marginados de manera imparable. En el siglo IV ya era una mayoría organizada, y el imperio Romano se vio forzado a reconocerlo, el emperador Constantino reconoce legalmente al cristianismo y, décadas después, con Teodosio, se convirtió en la religión oficial de Roma.[8] Lo que había comenzado como una convicción íntima de comunidades perseguidas pasó a formar parte del marco espiritual y cultural de la comunidad.

La expansión cristiana demuestra que el sentido no se sostiene solo por el poder o la herencia. El sentido crece y ordena solo cuando las personas lo convierten en una forma real de vida cotidiana.

Este momento histórico basta para entender la fuerza transformadora que logra unificar a una civilización bajo un sentido que actúa como brújula.

---

8. Peter Brown, *The Rise of Western Christendom* (Malden, MA: Blackwell Publishing, 2003), 60–85.

GLYONA: Cuando El Sentido Deja De Vivirse

A lo largo de la historia, distintas tradiciones intentaron dar sentido a la vida humana. Todas ofrecieron orientación y un marco para el individuo. Pero la historia repite una lección: **una sociedad no se sostiene por sus templos, sus textos o sus ritos. Se sostiene cuando las personas viven aquello que dicen creer.**

El sentido no desaparece primero de las ideas. Empieza a perderse en la conducta. Se debilita cuando la fe se vuelve costumbre, cuando la tradición se reduce a identidad y cuando los valores se mantienen en el discurso, pero dejan de guiar la vida. Ese quiebre no es nuevo, pero hoy se vuelve más visible. Las personas organizan su vida alrededor del éxito, la acumulación de bienes o la satisfacción personal, mientras mantienen un lenguaje que apela el bien común de justicia, propósito y responsabilidad social. La tensión no está en lo que se dice, sino en lo que se hace y, sobre todo, en lo que se deja de hacer.

Entras a Glyona.
No es solo un lugar, sino un instante suspendido en el tiempo: el momento en que los pilares que sostienen una civilización comienzan a deteriorarse.
Estás de pie en el centro de una sala sostenida por cuatro columnas.
La luz es uniforme. Todo parece estable.
Pero algo ha empezado a ceder.
La primera columna —el sentido— sigue en pie. Desde lejos parece intacta. Pero al acercarte descubres una grieta fina abriéndose en su base.
La civilización todavía conserva sus creencias. Las pronuncia. Las

enseña. Las celebra.
Pero ya no vive conforme a ellas.
El sentido permanece en el discurso, pero deja de orientar las decisiones. Sobrevive en los símbolos, pero pierde fuerza en la conducta cotidiana.
Y entonces la pregunta cambia.
Ya no es qué dices creer.
Es si tu vida todavía se sostiene sobre ello.
La grieta aún no derrumba la columna.
Pero desde ese instante, el equilibrio deja de estar asegurado.

***

Cuando la crisis deja de ser solo interior, comienza a extenderse hacia la vida en común. Y cuando el sentido deja de orientar la conducta, aparece una pregunta inevitable: ¿cómo poner límites y sostener el orden entre las personas? Ahí comienza la cuestión de la justicia.

JUSTICIA

Cuando el sentido deja de guiar la conducta, la pregunta deja de ser solo individual y se extiende hacia la vida en común. El sentido pertenece a la persona: orienta cómo vivir, qué valorar y cómo actuar. Pero cuando ese sentido debe convivir con otros, aparece otra dimensión.

La justicia puede entenderse como el intento de trasladar esa orientación individual a un orden compartido. Ahí surge una dificultad: ¿cómo poner límites y sostener el orden en la vida en común? Toda sociedad enfrenta ese problema. Intenta fijar límites, reconocer derechos y asumir deberes. Cuando ese equilibrio parece sostenerse, la convivencia se estabiliza. Cuando se debilita, empiezan a aparecer tensiones que, con el tiempo, afectan el orden común.

La justicia suele entenderse de forma simple: que cada persona reciba lo que le corresponde, sin ventaja ni abuso. Pero en la práctica, ¿hasta qué punto esa idea logra sostenerse? La reacción frente a la injusticia no es siempre la misma. Se denuncia cuando el abuso es evidente o lejano. Pero cuando es cercano —cuando involucra intereses propios, relaciones o beneficios— la respuesta cambia, se evita, se justifica o se posterga. Se reconoce el problema, pero no siempre se actúa.

Cuando las sociedades crecen y dejan de organizarse en comunidades pequeñas, la dificultad se vuelve más evidente: ¿cómo sostener el orden entre personas que no se conocen, que tienen intereses distintos y que no siempre están dispuestas a actuar con justicia por iniciativa propia?

Las respuestas han sido distintas. Las formas han cambiado. Pero la tensión se repite. Este capítulo parte de esa tensión. Observa cómo distintas civilizaciones intentaron sostener la justicia cuando la conducta individual no bastaba y las reglas se volvieron necesarias. Y deja abierta una pregunta central: ¿puede la justicia sostenerse solo con leyes... o depende, en última instancia, de quienes deciden respetarlas?

Mesopotamia: La Ley Que Involucra

Entre los ríos Tigris y Éufrates, en una región que hoy corresponde en gran parte a Irak, surgieron algunas de las primeras ciudades organizadas de la historia. Hace unos seis mil años, alrededor del 4000 a.C., pequeños asentamientos agrícolas crecieron gracias a la fertilidad de la tierra y al control del agua. En las comunidades pequeñas, el orden se sostenía por la reputación y la cercanía; pero cuando las ciudades albergaron a miles de extraños, la confianza personal dejó de ser suficiente para regular la conducta.[1]

Para enfrentar este anonimato, comenzaron a surgir reglas que organizaran la convivencia. En este contexto nació uno de los primeros sistemas legales escritos: el Código de Hammurabi, creado entre 1792 y 1750 a.C. El código reunía 282 leyes grabadas en una estela de piedra. Su importancia no radicaba solo en castigar delitos, sino en fijar responsabilidades claras dentro de la sociedad. La justicia mesopotámica no se limitaba a castigar la maldad deliberada; también regulaba con severidad la negligencia y la falta

1. Marc Van De Mieroop, *A History of the Ancient Near East ca. 3000–323 BC* (Malden, MA: Blackwell, 2007), 25–48.

de cuidado.[2] Un ejemplo de su lógica aparece en una de sus leyes:

> *"Si el ladrón no es capturado, la comunidad en cuyo territorio ocurrió el robo deberá compensar al propietario por lo perdido".*

Aquí la ley no responsabiliza solo al criminal, sino que hace responsable a la comunidad. El mensaje es claro: si el orden se rompe y nadie responde, el problema no es solo el delincuente, sino del entorno que permitió la injusticia. La misma severidad se aplicaba a la vida profesional. El código dictaminaba:

> *"Si un constructor edifica una casa y esta se derrumba causando la muerte del dueño, el constructor será condenado".*

En Mesopotamia, la justicia buscaba frenar la irresponsabilidad: el descuido del profesional, la indiferencia del vecino y la falta de vigilancia. El sistema legal no solo castigaba el hecho, sino que exigía al individuo a ser un participante activo en el mantenimiento del orden.

El caso de Mesopotamia muestra que la justicia no se sostiene solo por el poder, sino por la responsabilidad de quienes viven bajo la ley.

Cuando las personas asumen su papel en el orden común, la ley se fortalece; cuando todos esperan que sea "otro" quien actúe,

---

2. Martha T. Roth, trans., *Law Collections from Mesopotamia and Asia Minor*, 2nd ed. (Atlanta: Scholars Press, 1997), 71–142.

la justicia se debilita. El Código de Hammurabi fue referencia hasta siglos después de su tiempo, influyendo en cómo otros pueblos entendieron la relación entre deber, castigo y cohesión. Sin embargo, la historia revelaría pronto un nuevo dilema: las leyes pueden ser claras y, aun así, la sociedad puede volverse injusta si el sistema no garantiza la equidad para todos. Ese desafío, el de la justicia como un equilibrio de armonía social, aparecería siglos después en el otro extremo del mundo: en China.

China Han: La Virtud Que Ordena

En la China antigua, el problema del orden social apareció en una escala monumental. Durante la Era de Primavera y Otoño (770–476 a.C.), el debilitamiento de la dinastía Zhou sumió al territorio en un caos de guerras feudales, traiciones y hambrunas. De esta inestabilidad surgió un florecimiento intelectual sin precedentes: la época de las Cien Escuelas de Pensamiento, donde casi todos los filósofos intentaban responder una sola pregunta: ¿cómo sostener el orden en una sociedad fracturada?[3] Una respuesta fue el Legalismo, que apostaba por leyes estrictas y castigos severos basados en el miedo. Aunque eficaz a corto plazo, la coerción resultó insostenible. La otra gran respuesta fue el Confucianismo, desarrollado por Confucio (551–479 a.C.). Su tesis era innovadora: el orden social no debe depender solo de las leyes, sino de la formación moral de las personas. Una sociedad estable necesita ciudadanos educados en la virtud y el sentido del deber; la clave no es castigar la conducta, sino formar el

3. Mark Edward Lewis, *The Early Chinese Empires: Qin and Han* (Cambridge, MA: Harvard University Press, 2007), 13–35.

4. Confucius, *The Analects*, trans. D. C. Lau (London: Penguin Classics, 1979), 63–85.

carácter.[4] Siglos después, bajo la dinastía Han (206 a.C.–220 d.C.), el confucianismo se convirtió en la filosofía oficial del Estado.

El imperio adoptó el pensamiento confuciano como base de su organización. Más que un conjunto de virtudes como la humanidad (ren), la justicia (yi) o la piedad filial (xiao), proponía una forma de ordenar la vida a través de relaciones claras y deberes compartidos. La educación se orientó a formar carácter, y la administración a sostener el orden mediante funcionarios que no solo aplicaran normas, sino que actuaran con virtud.

La idea central era que un Estado fuerte requiere ciudadanos moralmente formados. La educación no era solo transmisión de datos, sino la formación de ciudadanos con un profundo sentido de responsabilidad hacia la comunidad.

Bajo este modelo, China vivió un desarrollo extraordinario, alcanzando una población de hasta 60 millones de personas, una población sin precedentes en el mundo antiguo. Sin embargo, el sistema enfrentó una dificultad interna letal: los altos estándares morales exigidos al ciudadano no siempre se aplicaban a quienes ejercían la administración y el poder. Cuando la justicia deja de ser igual para todos, el esfuerzo de vivir con virtud pierde sentido. Cuando la justicia se fragmenta por privilegios, incluso los sistemas morales más sólidos se debilitan. Esta pérdida de confianza terminó por fragmentar el imperio Han en rebeliones que pusieron fin a la dinastía. China demostró que no basta con exigir ciudadanos virtuosos; también hace falta un marco de justicia que sea igual para todos.

La experiencia de los Han nos deja lecciones fundamentales sobre la justicia:

---

4. Confucius, *The Analects*, trans. D. C. Lau (London: Penguin Classics, 1979), 63–85.

El miedo y las leyes severas pueden imponer orden por un tiempo, pero solo ciudadanos virtuosos pueden sostenerlo. La legitimidad nace cuando la ley se aplica por igual a gobernantes y gobernados. En cambio, cuando la justicia deja de ser imparcial y las reglas sirven a unos pocos, la confianza desaparece, la corrupción se expande y el orden comienza a desmoronarse.

Si en China se buscó la armonía a través de la virtud, en La Roma republicana, la justicia tomo la forma de un sistema legal e institucional de normas públicas y procedimientos. Una idea técnica y poderosa de ciudadanía.

Roma Republicana: La Ley Que Se Defiende

Durante la República romana, la justicia alcanzó su punto más sólido cuando coincidieron dos elementos vitales: instituciones visibles y ciudadanos dispuestos a defenderlas. En una potencia que ya gobernaba territorios diversos, la justicia no podía depender solo de la costumbre; necesitaba reglas claras, públicas y aplicables a todos. Un cambio decisivo fue la Ley de las Doce Tablas (aprox. 450 a.C.). Antes de este hito, las normas eran orales y estaban bajo el control de una élite, lo que permitía aplicaciones arbitrarias. Al ser escritas y expuestas en el espacio público, la ley dejó de ser un privilegio y se convirtió en una referencia común. Por primera vez, el ciudadano podía conocerla e invocarla para defenderse del abuso.[5]

5. Mary Beard, *SPQR: A History of Ancient Rome* (New York: Liveright Publishing, 2015), 88–96

Pero lo que dio fuerza real a este sistema no fue solo la ley escrita, sino la participación activa del ciudadano. La justicia romana no se sostenía únicamente en magistrados, sino en personas que podían acudir a tribunales, apelar decisiones y confrontar arbitrariedades. La ley era conocida, discutida y defendida por quienes vivían bajo ella. El poder no actuaba en un vacío: estaba limitado por una ciudadanía que conocía la norma y exigía su cumplimiento.

Para complementar el ejemplo, lo siguiente muestra que sucede cuando la institución es visible pero los ciudadanos dejan de defender la ley. En los últimos años de la República romana, figuras como Cayo Mario, Lucio Cornelio Sila y Julio César no solo disputaron el poder; transformaron la forma en que este se ejercía. Mario fortaleció la lealtad de los ejércitos hacia sus generales más que hacia el Estado. Sila llevó ese cambio al extremo al marchar sobre Roma e imponer su autoridad por la fuerza. César completó el proceso al cruzar el Rubicón, el límite que la ley prohibía atravesar con tropas, marcando el paso de la política regida por normas a la política impuesta por la fuerza.[6]

En cada etapa, la ciudadanía dejó de actuar como un cuerpo común y empezó a dividirse en bandos, apoyando a líderes antes que a las normas que los mantenían unidos bajo un mismo marco legal. La injusticia dejó de ser rechazada cuando beneficiaba al propio lado. Así, las leyes republicanas no desaparecieron de inmediato, pero dejaron de ser defendidas por los ciudadanos. La lealtad se desplazó de la república hacia líderes concretos, alianzas personales y la fuerza militar.

Roma muestra con claridad este límite: las instituciones son necesarias, pero no suficientes.

---

6. Adrian Goldsworthy, *Caesar: Life of a Colossus* (New Haven: Yale University Press, 2006), 391–405.

La justicia alcanza su mayor fuerza cuando existe igualdad ante la ley y ciudadanos dispuestos a defenderla.

Cuando esa participación se debilita, el problema no es la falta de leyes, sino la falta de ciudadanos que las defiendan.

Pero la historia de la justicia no avanzó en todas partes por el mismo camino. Si Roma mostró la justicia institucional sostenida por la participación cívica, en los Andes la estabilidad descansó en reglas simples vividas como deber cotidiano. Ese contraste, donde la justicia es un ritmo de vida y no solo un código escrito, aparece con nitidez en la civilización inca.

Incas: La Responsabilidad Que Sostiene

En los Andes surgió una civilización que enfrentó el desafío de la justicia por un camino distinto al de Roma. El Imperio Inca, que alcanzó su apogeo entre los siglos XV y XVI, logró integrar bajo un mismo poder a pueblos, lenguas y geografías sumamente diversas, desde las cumbres de la cordillera andina hasta las costas del Pacífico. No era una comunidad pequeña ni homogénea; era una sociedad extensa y compleja que, sin embargo, mantuvo un nivel de organización asombroso.[7]

A diferencia de Roma, este orden no dependía de un sistema jurídico escrito ni de una red de leyes burocráticas. Descansaba, sobre todo, en reglas simples grabadas en la conciencia colectiva y vividas como un deber cotidiano. Tres normas resumían este principio: Ama Sua, Ama Llulla, Ama Quella (no robar, no

7. María Rostworowski, *Historia del Tahuantinsuyo* (Lima: Instituto de Estudios Peruanos, 1988), 15–35.

mentir, no ser ocioso).[8]

Estas reglas no eran consejos morales abstractos; eran la base práctica para sostener la vida en común. En el mundo andino, el Ayllu (la comunidad familiar y territorial) ocupaba el centro de la existencia. Gran parte de la producción y la organización social dependía de la cooperación. En una geografía tan desafiante, donde el esfuerzo colectivo era indispensable para cultivar laderas, construir caminos (*Qhapaq Ñan*) y trasladar recursos, la conducta de cada individuo afectaba directamente la supervivencia de todos. Si alguien robaba, mentía o caía en la ociosidad, no rompía solo una norma; debilitaba la confianza que permitía el funcionamiento del sistema. La justicia se sostenía primero en la conducta diaria. La autoridad imperial (*el Sapa Inca*) podía organizar desde arriba, pero la estabilidad real dependía de cómo se vivía abajo, en los actos cotidianos de millones de personas que entendían su papel dentro del engranaje social.

El Imperio Inca no fue una sociedad simple; alcanzó una sofisticación técnica envidiable. Desarrollaron andenes para la agricultura vertical, una red vial que unía todo el continente y el sistema de quipus (sistema que permitía cálculos complejos) para registrar censos y tributos con precisión matemática. Pero estos logros no eran independientes del principio humano que los sostenía. Una civilización puede alcanzar grandes avances técnicos, pero sigue dependiendo de reglas morales básicas para conservar el orden.

La caída del imperio incaico no comenzó con la llegada de los españoles, sino antes. Surgió cuando el poder dejó de ordenarse bajo un principio común y se fracturó en una disputa interna. Los hermanos Huáscar y Atahualpa no solo peleaban por el incanato, dividían al imperio. En ese escenario llegó un grupo reducido

8. Franklin Pease G. Y., *Los Incas: Una Introducción* (Lima: Pontificia Universidad Católica del Perú, 1991), 67–82.

de conquistadores. No encontraron una estructura sólida, sino un sistema debilitado desde dentro y supieron leerlo. Primero se aliaron con Atahualpa para eliminar a Huáscar. Luego, cuando el poder ya no tenía equilibrio, lo traicionaron y lo ejecutaron. El imperio más grande de Sudamérica no cayó por una fuerza externa superior, sino fue la consecuencia de la guerra entre los dos hermanos herederos del incanato.

Antes de la llegada de los españoles, el sentido y la justicia del imperio ya estaban fracturados. Cuando el orden se rompe en el colectivo, ya no hace falta un gran ejército para derribar una civilización. Basta con que alguien identifique la grieta.

Esta lección de la experiencia inca demuestra que la justicia no siempre adopta la forma de tribunales o códigos extensos. A veces se apoya en algo más simple y, a la vez, más exigente: que cada persona cumpla con honestidad, verdad y responsabilidad su papel en la comunidad.

GLYONA: Cuando El Límite Deja De Respetarse

Las experiencias que hemos revisado buscaron la justicia por caminos distintos. Las formas cambiaron, pero la exigencia de fondo no cambia. Las leyes, los sistemas y las instituciones son piezas necesarias para que la convivencia no sea frágil, pero ninguna de ellas basta por sí sola. **La justicia no se sostiene en los códigos; se sostiene en las personas que aceptan respetarlos.** Ese es el punto que la historia repite una y otra vez. La justicia no desaparece primero de los tribunales; desaparece de la conducta. Empieza a perderse cuando se acepta una ventaja injusta porque "puede hacerlo", cuando tolera una mentira menor por utilidad o cuando incumple su deber suponiendo que otro pagará el precio. En ese instante, cuando el beneficio personal pesa más que la del colectivo, o cuando uno mira hacia otro lado para no incomodarse de un acto injusto hacia un tercero, el tejido de la civilización comienza a rasgarse.

Si la justicia sostiene el orden común y su deterioro termina afectándonos, directa o indirectamente, entonces ¿actuar con injusticia o tolerarla no equivale a perjudicarnos a nosotros mismos? Se entiende que intervenir tiene un costo: señalar incomoda, porque asumir una posición implica comprometerse. Pero si no se hace, tarde o temprano las consecuencias regresan.

En las sociedades modernas, la justicia se ha desplazado hacia las instituciones. Se espera que la ley corrija el abuso, que un juez repare el daño y que una autoridad imponga la sanción. Ese sistema es necesario y, en muchos casos, funciona. Pero son mecanismos que corrigen la conducta humana del individuo que no se adapta; no sustituyen la conducta del colectivo. Si la justicia desaparece de la conducta humana, son estos actos repetidos los que erosionan la confianza que hace posible la vida en común.

Regresas. La sala es la misma. Pero ya no se siente igual.
El aire está más denso. El silencio se ha convertido en tensión.
La segunda columna —la justicia— comienza a ceder. No cae. Se inclina apenas.
Las leyes siguen escritas. Los procedimientos continúan. Todo parece en orden.
Pero el equilibrio se ha desplazado.
El sistema empieza a usarse para obtener ventaja, no para sostener el bien común.
Escuchas un leve crujido.

No es ruptura. Es advertencia.
La fractura aparece cuando la conciencia se vuelve negociable.
Cuando se actúa con justicia solo cuando conviene.
En ese punto, la pregunta cambia otra vez.
Ya no es qué leyes hacen falta.
Es si alguien está dispuesto a actuar con justicia cuando no hay aplauso, ni vigilancia, ni beneficio.
La ley puede señalar el camino, pero solo el carácter del individuo puede recorrerlo. Ambos son necesarios, pero no cumplen la misma función: la ley orienta; el carácter sostiene.
Porque lo justo no es un adorno moral. Es el soporte real de la vida en común.
La columna sigue en pie. Pero ya no sostiene igual.

***

Quien quiere justificar una ventaja injusta rara vez lo hace en silencio; necesita explicarla, adornarla y convertirla en una versión aceptable de los hechos. Necesita, inevitablemente, acomodar la realidad a su conveniencia.

Por eso, cuando la justicia se debilita en la conducta, la verdad empieza a deformarse con ella. No se puede ser injusto sin empezar a mentir, primero a los demás y luego a uno mismo. En este umbral, descubrimos que el soporte de lo justo es la claridad de lo que es real. Ese es el punto de entrada a la verdad.

VERDAD

Toda sociedad necesita una frontera clara entre lo que es cierto y lo que no. Sin esa distinción, las decisiones pierden dirección y las ideas se mezclan con intereses, percepciones o deseos. La verdad no solo orienta el pensamiento individual. Es el cimiento que sostiene la confianza entre las personas. Sin un terreno común de hechos compartidos, la convivencia se convierte en un conflicto de versiones.

Hoy hablamos de desinformación, noticias falsas y cortinas de humo. Cada medio acusa al otro de distorsionar la realidad y cada grupo afirma ser el único guardián de la verdad. Sin embargo desde que las sociedades organizaron su vida en común, el ser humano ha enfrentado la misma pregunta: ¿cómo distinguir quién dice la verdad? Esta pregunta no es solo intelectual. Tiene consecuencias reales. Lo que una sociedad considera verdadero sostiene lo que define como justo y el sentido que le da a la vida.

Cuando una comunidad examina la realidad con dedicación, puede corregirse y avanzar. Pero cuando deja de hacerlo, sus creencias se vuelven incuestionables. Permanecen, aunque ya no se revisen.

A lo largo de la historia, las civilizaciones han buscado la verdad por distintos caminos: en la tradición, en la fe, en la razón o en la evidencia. Explorar esos caminos nos lleva a una pregunta que hoy vuelve a ser urgente: ¿cómo examinamos aquello que creemos verdadero?

Grecia: El Examen De Lo Real

En la Grecia clásica, entre los siglos VI y IV a.C., surgió una manera de entender la relación entre la verdad, la justicia y la vida en común. Hasta entonces, la mayoría de las sociedades aceptaban la verdad como una herencia de la tradición o un decreto de la autoridad religiosa. En las polis griegas, sin embargo, comenzó a explorarse un camino distinto: la búsqueda de la verdad mediante la razón (el *Logos*).

En Atenas, la verdad no pertenecía a un sacerdote ni a un rey; se revelaba en el debate de la plaza pública. Los ciudadanos participaban en asambleas y tribunales donde argumentar y persuadir eran las herramientas de la política. Cuando el destino de una ciudad depende de la palabra, la relación con la verdad se vuelve existencial: la justicia de una ley solo es tan buena como la calidad de los argumentos que los ciudadanos están dispuestos a examinar con rigor.

Esta tradición comenzó con figuras como **Tales de Mileto**, quien buscó explicar la naturaleza sin recurrir a relatos míticos, proponiendo que la realidad podía investigarse mediante la observación.

Sócrates fue quien llevó esta actitud de examen al corazón de la vida civil. Caminaba por Atenas interrogando a quienes afirmaban poseer la verdad, desnudando las contradicciones ocultas en las opiniones comunes. Su premisa era tan simple como demoledora: el primer paso hacia la verdad es reconocer la propia ignorancia. Para Sócrates, el examen constante no era un pasatiempo intelectual, sino una condición para la supervivencia de la ciudad. Un ciudadano que no cuestiona sus creencias es vulnerable a los discursos fáciles, a las emociones colectivas y a la manipulación demagógica. Por esta integridad, fue condenado a muerte; y al aceptar su sentencia en lugar de huir, demostró que la coherencia moral es el soporte final de la verdad, incluso cuando el precio es la vida.[1]

La muerte de su maestro no fue para **Platón** solo una tragedia personal; fue la prueba de una falla estructural en el orden de la ciudad. Atenas, que se consideraba el modelo supremo de gobierno, había condenado a su ciudadano más justo. No lo hizo por una ignorancia absoluta, sino por una forma mucho más peligrosa de error: la incapacidad de distinguir entre la opinión y el conocimiento.

Este hecho llevó a Platón a una conclusión decisiva que atraviesa los siglos: una sociedad puede sostener leyes impecables e instituciones centenarias y, aun así, volverse profundamente injusta. Esto ocurre cuando quienes la componen pierden de vista la verdad que esas estructuras intentan proteger. Las leyes pierden sentido cuando el ciudadano ya no sabe —o no quiere saber— qué es lo real.

En su célebre Alegoría de la Caverna, desarrollada en *La República*, Platón ilustra esta condición humana. Describe a hombres encadenados que toman las sombras proyectadas en una pared por la realidad misma. Para ellos, la sombra es la verdad. El filósofo es aquel que logra romper las cadenas, salir al exterior y contemplar la luz del sol. Su deber, sin embargo, es regresar a la oscuridad para liberar a los demás.[2] Pero al volver, se enfrenta a una sociedad que no solo no lo comprende, sino que lo percibe como una amenaza a su seguridad emocional. Aquellos que están

1. Plato, *Apology*, in *Plato: Complete Works*, ed. John M. Cooper (Indianapolis: Hackett Publishing, 1997), 24a–38c.

2. Plato, *Republic*, in *Plato: Complete Works*, ed. John M. Cooper (Indianapolis: Hackett Publishing, 1997), 514a–517a.

cómodos en la sombra prefieren destruir al que trae la luz antes que admitir que han vivido en el error. La muerte de Sócrates deja de ser entonces un episodio aislado de la historia griega para convertirse en una advertencia universal: cuando una comunidad confunde la apariencia con el conocimiento, no solo pierde el acceso a la verdad, sino que desarrolla una hostilidad natural hacia ella.

Aristóteles, discípulo de Platón, aterrizó esta reflexión en un terreno práctico y definitorio: la verdad es "decir de lo que es, que es; y de lo que no es, que no es". Con esta definición, recordaba que la verdad es objetiva: no depende de lo que nos conviene ni de lo que deseamos escuchar. Sin hechos confiables, el debate público se degrada en propaganda y la verdad deja de orientar el destino común.[3]

> **Grecia enseñó que la filosofía puede señalar el camino hacia la verdad, pero solo los ciudadanos pueden preservarla examinando por sí mismos lo que escuchan.**

La verdad no solo se pierde por la fuerza o la imposición; también deja de sostenerse cuando el ciudadano abandona su criterio para no enfrentarse a la mayoría.

Sin embargo, esta no fue la única ruta humana hacia lo verdadero. Mientras los griegos pulían la lente de la razón, en el antiguo Israel se consolidaba otra forma de comprender la verdad: no como una demostración lógica, sino como una fidelidad inquebrantable al pacto.

---

3. Aristotle, *Metaphysics*, trans. W. D. Ross (Oxford: Oxford University Press, 1924), IV.7, 1011b25.

Israel: La Verdad Supera La Corona

En la tradición de Israel, la verdad tomó una forma distinta a la que había florecido en las plazas griegas. En Israel se entendía principalmente como Emeth: una combinación de verdad, firmeza y, sobre todo, fidelidad a una alianza. Según la tradición bíblica, el pueblo no solo compartía creencias, sino un Pacto que incluía normas estrictas de justicia social y responsabilidad hacia el vulnerable. En este contexto, la verdad no se demostraba con palabras; se demostraba en la forma de vivir. Una sociedad podía recitar oraciones perfectas y, sin embargo, estar viviendo en la mentira si sus actos traicionaban el compromiso ético con el prójimo.

Aquí aparece una figura en la historia de la civilización: el profeta. A diferencia de los reyes que ostentaban el poder o los sacerdotes que administraban el culto, figuras como **Amós, Isaías o Jeremías** actuaban como la conciencia crítica de la nación. Su tarea no era predecir el futuro, sino denunciar las fallas del presente.

Isaías confrontó directamente la incoherencia de mantener rituales religiosos mientras se toleraba la opresión, declarando con dureza:

> *"¿De qué me sirven sus sacrificios?... Aprendan a hacer el bien; busquen la justicia, defiendan al oprimido, hagan justicia al huérfano, amparen a la viuda".*[4]

El mensaje es tajante: la oración sin conducta es un eco vacío. La

4. Isaías 1:11, 16–17, en *La Biblia de Jerusalén* (Bilbao: Desclée de Brouwer, 2009).

verdad no reside en lo que se dice en el templo, sino en lo que se practica en la calle.

Jeremías llevó esta crítica aún más lejos al denunciar la falsa seguridad de quienes confiaban en las instituciones sin vivir conforme a su propósito. Frente al Templo de Jerusalén, proclamó:

> *"No confíen en palabras engañosas diciendo: 'Templo del Señor, templo del Señor'... Si realmente cambian su conducta y hacen justicia unos con otros... entonces permanecerán en esta tierra".*[5]

Aquí la advertencia es vital para entender que incluso las instituciones más sagradas pueden convertirse en una ilusión si no están sostenidas por la conducta individual.

Por su parte, Amós atacó la desconexión entre la prosperidad material y la integridad moral con una imagen que se convertiría en el estándar de la justicia occidental:

> *"Que fluya el derecho como agua, y la justicia como un torrente inagotable".*[6]

Una sociedad que acumula riqueza pero abandona la rectitud no es próspera; está habitando una mentira que tarde o temprano la consumirá.

La tradición profética introdujo la posibilidad de cuestionar la autoridad en nombre de un principio moral más alto.

---

5. Jeremías 7:4–7, en *La Biblia de Jerusalén* (Bilbao: Desclée de Brouwer, 2009).

6. Amós 5:24, en *La Biblia de Jerusalén* (Bilbao: Desclée de Brouwer, 2009).

La verdad no dependía del decreto del rey ni de la conveniencia de los poderosos. Pero esta confrontación no era solo tarea de los profetas; era una exigencia dirigida al pueblo.

La verdad no es una idea abstracta ni una doctrina fija: es una práctica de coherencia.

Sin este examen constante, la fe se convierte en apariencia y las palabras sagradas pasan a ser un lenguaje que encubre la decadencia. La verdad requiere ciudadanos dispuestos a incomodarse y corregir.

Siglos más tarde, la humanidad buscaría un camino diferente para enfrentar este mismo problema de la autoridad y el engaño. En lugar de apelar principalmente a la conciencia moral o a la revelación, comenzaría a confiar en un nuevo instrumento para examinar la realidad: la razón crítica y la investigación sistemática. Este giro, que pondría a prueba todas las verdades heredadas, comenzaría a tomar forma en Europa con la Ilustración.

La Ilustración: El Deber De Pensar

Entre los siglos XVII y XVIII, Europa vivía bajo guerras religiosas, monarquías absolutas y una censura que delimitaba lo que podía enseñarse, discutirse o incluso pensarse. El poder político y el religioso formaban un sistema cerrado que fijaba los límites de la verdad. En ese contexto surgió una pregunta decisiva: ¿quién tiene derecho a buscarla? Durante siglos, la respuesta había pertenecido a la autoridad. Pero lentamente comenzó a abrirse paso una idea distinta: la verdad no es propiedad de una institución, sino una tarea del individuo.

René Descartes dio forma a este giro con una propuesta radical: comenzar por la duda. Si una idea podía ponerse en cuestión, debía examinarse. No se trataba de destruir el conocimiento, sino de reconstruirlo sobre bases firmes. Con ello, la verdad dejó de apoyarse en la tradición para sostenerse en la claridad del pensamiento. Pensar ya no era repetir, sino verificar.[7] Esta transformación tuvo implicaciones que iban más allá de la filosofía. Si el individuo podía examinar lo que creía, también podía cuestionar aquello que justificaba el abuso.

Baruch Spinoza entendió que el conocimiento no solo explica el mundo, sino que libera a quien lo ejerce. Decía que la superstición no es solo un error; es un instrumento de control. Por eso, buscar la verdad no amenaza el orden: lo hace posible.[8]

Voltaire llevó esta idea al espacio público. Advirtió que cuando una sociedad castiga la duda, el error no desaparece, se vuelve permanente. Sin libertad para cuestionar, la verdad se estanca y la justicia pierde sustento.[9]

Immanuel Kant sintetizó este cambio con una consigna que definió una época: *Sapere aude*. Atrévete a saber. La Ilustración, decía, es la salida del ser humano de su "minoría de edad", no por falta de inteligencia, sino por falta de decisión para usarla. El problema no era la incapacidad de pensar, sino la comodidad de

---

7. René Descartes, *Meditaciones metafísicas*, trad. Manuel García Morente (Madrid: Alianza Editorial, 2005), especialmente Meditación I.

8. Baruch Spinoza, *Tratado teológico-político*, trad. Atilano Domínguez (Madrid: Alianza Editorial, 2014), caps. 6–7.

9. Voltaire, *Tratado sobre la tolerancia*, trad. Mauro Armiño (Madrid: Alianza Editorial, 2007), cap. 1.

no hacerlo.[10]

Con esto, la verdad dejó de ser algo que se recibe y pasó a ser algo que se ejerce. Pero ese avance contenía una fragilidad. La Ilustración trasladó la responsabilidad al individuo, pero no podía asegurar que este la asumiera. Pensar por uno mismo exige disciplina, atención y la disposición a corregirse. También implica incomodidad. Y siempre existe la posibilidad de evitar ese esfuerzo.

Así apareció una forma más sutil de dependencia. Ya no basada en la censura, sino en la delegación. Las personas comenzaron a tener acceso a más información que nunca, pero no necesariamente a examinarla. La verdad dejó de imponerse desde arriba, pero empezó a diluirse entre versiones, interpretaciones y opiniones que pocos verificaban.

El problema dejó de ser que el poder censurara, sino fue que muchos dejaron de hacerlo por voluntad propia. La misma libertad que permitió rescatar la verdad abrió también la posibilidad de abandonarla. No por imposición, sino por inercia. La Ilustración no encontró su límite en sus ideas, sino en la conducta de quienes debían sostenerlas.

La razón puede existir como principio. Puede escribirse en libros, enseñarse en escuelas o proclamarse en leyes. Pero solo se convierte en verdad cuando la persona la confirma en su conducta.

Este ejemplo deja algo claro: la búsqueda de la verdad es un esfuerzo incómodo que exige voluntad.

10. Immanuel Kant, "Respuesta a la pregunta: ¿Qué es la Ilustración?" en *¿Qué es la Ilustración?*, trad. Roberto Rodríguez Aramayo (Madrid: Alianza Editorial, 2004), 83–94.

La Modernidad: La Verdad Que Se Disputa

Los siglos XIX y XX revelaron una fragilidad nueva. A medida que las sociedades se volvieron más complejas, la verdad dejó de circular principalmente en conversaciones directas entre ciudadanos y comenzó a desplazarse a través de instituciones: la ciencia, la academia, los medios de comunicación. La pregunta, entonces, cambió de forma: ya no bastaba con investigar qué es verdad, sino entender quién decide qué aceptamos como verdadero.

Lo que una comunidad considera "evidente" no depende solo de los hechos, sino del marco desde el cual esos hechos se interpretan. Las ideas no nacen en el vacío; emergen dentro de sistemas de valores, intereses y estructuras que determinan qué voces se amplifican y cuáles quedan al margen.

Michel Foucault observó que cada sociedad construye sus propios "regímenes de verdad": redes de instituciones, discursos y prácticas que establecen qué puede decirse, quién tiene autoridad para decirlo y qué versiones de la realidad se consideran válidas. La verdad no desaparece, pero deja de ser un punto fijo accesible a todos por igual; pasa a estar mediada. Y cuando esa mediación no se examina, la narrativa puede alejarse de los hechos sin que el ciudadano lo perciba.[11]

Este riesgo alcanzó su extremo en el siglo XX. Hannah Arendt, al estudiar los regímenes totalitarios de Adolf Hitler y Josef Stalin, comprendió que el mayor peligro no era la censura, sino la destrucción de la realidad pública. Cuando los hechos dejan de ser firmes, la vida política pierde su base común y la discusión se

---

11. Michel Foucault, *Power/Knowledge: Selected Interviews and Other Writings, 1972–1977*, ed. Colin Gordon (New York: Pantheon Books, 1980), 131–133.

degrada en una confrontación entre versiones incompatibles de la realidad, donde el diálogo se vuelve imposible.[12]

Arendt señaló una advertencia aún más profunda. Las grandes injusticias no siempre nacen del fanatismo, sino de la renuncia a pensar. En lo que llamó la "banalidad del mal", mostró que personas ordinarias pueden sostener sistemas destructivos no por una convicción ideológica, sino por obediencia, costumbre o la simple incapacidad de juzgar por sí mismas. El problema no era solo el poder que imponía una mentira, sino el individuo que dejaba de examinarla.[13]

> **Hoy todo se mueve más rápido, pero decidir qué creer sigue siendo responsabilidad del ciudadano. Cuando ese análisis desaparece, la verdad ya no depende de los hechos, sino de lo que más se difunde. En ese punto, incluso una sociedad libre puede perder el contacto con la realidad.**

GLYONA: Cuando La Verdad Deja De Examinarse

La verdad puede buscarse en la ciencia, la filosofía o la experiencia, pero su vigencia no depende de su difusión, sino de la disposición de los ciudadanos a confirmarla. El problema de fondo no es la existencia de la mentira, sino el debilitamiento del juicio crítico;

---

12. Hannah Arendt, *The Origins of Totalitarianism* (New York: Harcourt, Brace & Company, 1951), 323–325.

13. Hannah Arendt, *Eichmann in Jerusalem: A Report on the Banality of Evil* (New York: Viking Press, 1963), 276–279.

la verdad se erosiona cuando las personas dejan de preguntarse si lo que oyen es cierto. Cuando comparten una noticia en redes sin validarla.

Hoy, la búsqueda de la verdad enfrenta una dificultad nueva: la velocidad de la información, la fragmentación digital y los algoritmos orientados a maximizar la reacción permiten que la inteligencia artificial multiplique narrativas y mensajes a una escala inédita. Así, la verdad ya no compite solo con la falsedad, sino con narrativas interesadas y simulaciones cada vez más convincentes de la realidad. Sin embargo, el desafío raíz no es tecnológico, sino humano. Ningún sistema sustituye el juicio individual: las instituciones producen conocimiento, pero la decisión final sobre qué creer pertenece a cada persona. La responsabilidad cívica nace ahí: en el acto de cuestionar intereses, reconocer el error propio y sostener la crítica incluso cuando resulta incómoda.

La mentira organizada no requiere de fanáticos, le basta con la indiferencia. Por eso, la verdad no se impone desde arriba, sino que se sostiene desde abajo, en ciudadanos capaces de distinguir entre lo que desean creer y aquello que los hechos los obligan a reconocer.

Vuelves a entrar. Esta vez, la luz ha cambiado.
Nada está completamente oscuro. Pero nada es completamente claro.
Las sombras se alargan. Las líneas se confunden.
La tercera columna —la verdad— no se rompe. Se deforma.
Lo que antes era recto, ahora parece inclinado. Lo que era firme, ahora es ambiguo.
La verdad sigue siendo nombrada. Pero deja de ser examinada.
Frente a las puertas de Glyona, lo crucial no es la versión de la verdad que se prefiera, sino la voluntad de examinarla aun cuando

contradiga los propios intereses.
Pero cuando esa voluntad se pierde, la verdad se adapta. Se acomoda. Se repite.
Pierdes referencia.
Ya no estás seguro de si la estructura está torcida... o si eres tú quien ha dejado de verla con claridad.
El deterioro avanza cuando los hechos se ajustan a la conveniencia.
Cuando se calla para no incomodar.
Las palabras justicia y libertad permanecen, pero han empezado a perder sentido.
La estructura sigue en pie.
Pero ya no puedes confiar en lo que ves.

***

En ese vacío, la verdad deja de orientar a la sociedad y empieza a utilizarse para dirigirla. Ahí se abre la puerta al poder.

PODER

Donde quiera que existan decisiones que afecten a una comunidad, aparece el poder. No como una abstracción filosófica, sino como una fuerza concreta que organiza, dirige y, en última instancia, impone. El dilema de una civilización no es la existencia del poder, sino la naturaleza de su origen y la firmeza de quien lo vigila. Podemos hallar un sentido compartido, buscar la verdad y redactar leyes para la justicia, pero incluso sobre esos cimientos surge una pregunta inevitable: ¿quién tiene la autoridad para ejecutar ese orden?

Cuando las sociedades crecen y se vuelven complejas, la paz ya no depende solo de la buena voluntad individual; depende de la estructura que administra la vida común. Hoy, al hablar de poder, la mirada se dirige de inmediato hacia arriba: presidentes, juntas directivas, parlamentos o imperios económicos. Hablamos de quién gana el poder y quién lo pierde, como si fuera un objeto que se posee. ¿Pero quien es realmente el responsable de los actos de los lideres? ¿Los mismos lideres o los ciudadanos que legitiman al líder?

Iniciaremos este recorrido con el Imperio persa, uno de los primeros ejemplos claros de que el poder más efectivo no es el que más oprime, sino el que mejor entiende las fuentes de su propia legitimidad.

Persia: El Poder Que Integra

Cuando pensamos en los imperios antiguos, imaginamos conquistas por la fuerza. Sin embargo, el Imperio persa entendió que el poder puede sostenerse mediante la integración de los pueblos conquistados. Esta visión comenzó con Ciro II en el siglo VI a.C., quien, al derrotar a los medos, incorporó su organización política en lugar de destruirla. No fue un gesto de benevolencia, sino una decisión práctica: un territorio que coopera es más estable que uno que obedece por miedo. Este principio se repitió en Lidia y otras regiones: los pueblos conservaban sus tradiciones, religiones e instituciones. La conquista dejaba de ser dominio militar para convertirse en integración política. Este enfoque contrastaba con el Imperio asirio, que basaba su poder en el terror; un método eficaz para ganar guerras rápido, pero incapaz de mantener la estabilidad a largo plazo. **Persia adoptó la lógica de que el poder dura más cuando integra en lugar de destruir.**

Un ejemplo emblemático ocurrió en Babilonia, donde Ciro permitió los cultos locales y autorizó el regreso de los judíos a Jerusalén. El objetivo político era asegurar la lealtad de poblaciones diversas bajo un mismo orden, sin imponer una identidad única. Al morir Ciro, el imperio era el territorio más grande conocido, y su estabilidad residía en que los ciudadanos percibían que pertenecer a él les ofrecía orden, seguridad y estabilidad.[1]

Sus sucesores, como Darío I, perfeccionaron el sistema mediante las satrapías (provincias administradas localmente), el Camino Real para las comunicaciones y sistemas fiscales estables. Estas estructuras eran fundamentales, pero el poder solo se mantiene

---

1. Herodotus, *The Histories*, trans. Aubrey de Sélincourt (London: Penguin Classics, 2003), 1.95–1.130.

cuando los gobernados aceptan ese orden.[2]

Sin embargo, todo imperio enfrenta una dificultad inevitable: la expansión excesiva. Con el tiempo, el equilibrio se debilitó debido a disputas sucesorias y sátrapas que acumularon poder propio. Las guerras prolongadas aumentaron los impuestos sin beneficios claros, fracturando la cohesión política. El modelo de integración con legitimidad comenzó a deteriorarse. Cuando aparecieron las amenazas externas desde Grecia y Macedonia, el vínculo interno se había perdido.

> **La lección del caso persa es clara: un ejército puede conquistar, pero un imperio solo se sostiene mientras sus habitantes aceptan ese poder como el organizador de su vida.**

Cuando esa legitimidad desaparece, el poder no queda vacío por mucho tiempo; así ocurrió cuando Macedonia surgió como la nueva fuerza política.

Macedonia: El Poder Que Se Concentra

Si Persia mostró que el poder puede sostenerse integrando pueblos distintos, el mundo griego reveló otra posibilidad: que el poder también puede nacer de la concentración voluntaria.[3]

A diferencia de los grandes imperios centralizados, Grecia no formó un solo reino, sino un conjunto de ciudades-estado

---

2. Pierre Briant, *From Cyrus to Alexander: A History of the Persian Empire* (Winona Lake, IN: Eisenbrauns, 2002), 351–370.

3. Aristotle, *Politics*, trans. C. D. C. Reeve (Indianapolis: Hackett Publishing, 1998), bk. 3, 1275a–1278b.

independientes. En muchas de ellas, el poder no pertenecía solo a un rey o a una élite, sino que estaba ligado al ciudadano. Participar en la vida pública, debatir, votar y defender la ciudad formaba parte de lo que significaba pertenecer a la comunidad. El poder no venía solo desde arriba. Dependía de quienes integraban la ciudad. Esa relación permitió algo distinto: el poder empezó a pensarse no solo como fuerza, sino como responsabilidad. No solo como dominio, sino como participación. Ese modelo se puso a prueba frente al Imperio persa. En las Guerras Médicas, ciudades como Atenas y Esparta no solo defendieron su territorio, sino su autonomía. Para muchos griegos, someterse significaba perder la capacidad de gobernarse a sí mismos.[4] El ciudadano griego no era un espectador del poder, como ocurría en muchas sociedades de su tiempo. Era parte activa de él. Por eso, una conquista no significaba solo el reemplazo de un gobernante. Para el griego, significaba la pérdida total de su libertad.

Tras las victorias defensivas de las polis griegas frente al Imperio persa, el mundo griego no alcanzó una estabilidad duradera. Por el contrario, comenzaron décadas de rivalidades internas entre ciudades-estado que competían por el dominio político del mundo helénico. El conflicto más representativo fue la Guerra del Peloponeso entre Atenas y Esparta, una lucha prolongada que terminó desgastando y debilitando a las polis desde dentro.

En ese contexto surgió Macedonia. Bajo el liderazgo de Filipo II, las ciudades griegas fueron sometidas y reorganizadas bajo una autoridad común. Muchas polis aceptaron ese nuevo orden no solo por la fuerza militar, sino porque, después de años de conflictos internos, la estabilidad comenzó a parecer más valiosa que la autonomía absoluta. A diferencia de Persia, que intentó dominar Grecia desde el exterior, Macedonia logró concentrar el

---

4. Herodotus, *The Histories*, trans. Aubrey de Sélincourt (London: Penguin Classics, 2003), 6–9

poder desde dentro del propio mundo griego. La centralización no fue únicamente una imposición: también fue aceptada por quienes veían en ella una salida al desgaste y a la fragmentación política.[5]

Cuando Filipo fue asesinado, su hijo Alejandro heredó el poder. No solo poseía carisma; encarnaba el ideal griego en su momento de mayor expansión. En pocos años, extendió su dominio de forma extraordinaria. Cada ciudad que encontraba dejaba de ser un territorio aislado para integrarse a una estructura mayor. Su ejército ya no representaba a un reino, sino a una fuerza que unificaba. Cuando finalmente enfrentó a Persia, el conflicto dejó de ser la resistencia fragmentada de pequeñas ciudades contra un imperio. Fue el choque entre dos grandes sistemas de poder. Y en ese enfrentamiento, Alejandro venció.

Su expansión no se limitó a conquistar territorios. Alejandro integró las polis griegas vinculando su linaje con héroes como Aquiles y Hércules, de quien la dinastía macedonia afirmaba descender, reforzando así su legitimidad dentro del mundo helénico. Tras someter al Imperio persa, adoptó parte de sus costumbres, se casó con nobleza persa e impulsó matrimonios entre sus generales y familias aristocráticas locales para integrar ambos pueblos bajo un mismo orden. En Egipto, vinculó su figura a las tradiciones religiosas egipcias y fue reconocido como faraón. Su proyecto no buscaba únicamente dominar militarmente, sino construir una autoridad capaz de integrar culturas distintas bajo una misma estructura de poder.

Pero ese sistema tenía una debilidad clara. Dependía de él. No existía una estructura capaz de sostener el imperio más allá de su figura. No había instituciones que reemplazaran su autoridad ni un orden que sobreviviera a su ausencia.

---

5. Diodorus Siculus, *Library of History*, trans. C. H. Oldfather (Cambridge, MA: Harvard University Press, 1963), bk. 16–17.

Macedonia no desarrolló una estructura administrativa capaz de sostener un imperio tan vasto más allá de la vida de su líder. No existía un sistema sólido de sucesión ni instituciones suficientemente fuertes para reemplazar el peso de Alejandro Magno. Cuando murió en 323 a.C., su imperio se fragmentó rápidamente entre sus generales. El poder que había crecido con tanta velocidad no tenía una estructura capaz de llenar su vacío.

Las sociedades no pierden su libertad solo porque alguien concentra el poder. Con frecuencia, son ellas mismas quienes la entregan. En tiempos de crisis, el orden suele parecer más urgente que la participación, y los límites al poder empiezan a verse como un estorbo. Así, la concentración del poder no ocurre únicamente porque alguien la impone, sino porque muchos la aceptan.

Y cuando todo depende de una persona, el sistema deja de ser estable. Solo está esperando su ausencia.

Mientras el mundo helenístico difundía su cultura, su fragmentación política dejó espacio para una nueva fuerza en el oeste. Allí comenzaba a surgir otro modelo de poder: uno menos apoyado en el carisma personal y más sostenido por leyes, ciudadanía e instituciones.

Roma Imperial: El Poder Que Se Legitima

El Imperio romano comenzó en el año 27 a.C., cuando Octavio Augusto instauró una nueva forma de organización política. En Occidente colapsó en el 476 d.C., mientras que en Oriente perduró casi mil años más. Sin embargo, Roma no se explica solo por su duración, sino por la naturaleza de su poder. Su fuerza no dependía únicamente de ejércitos o líderes, sino de la relación entre el sistema y quienes lo sostenían.Roma no nació como imperio, sino como una ciudad que se expandió incorporando personas a su orden. La ciudadanía romana no era solo un estatus legal, sino un vínculo activo. Implicaba derechos, pero también responsabilidades: participar, servir y sostener el orden común.[6] Ese fue su rasgo distintivo. Roma no crecía solo por conquista, sino por integración. Funcionaba porque millones de personas encontraban en ese sistema una forma viable de organizar su vida.

En su momento de mayor expansión, Roma logró algo que pocas civilizaciones habían alcanzado: transformar un territorio inmenso y diverso en un sistema estable bajo una misma estructura política y legal. Millones de personas quedaron conectadas por caminos, comercio, leyes y ciudadanía.

Las ciudades romanas replicaban instituciones, arquitectura y normas similares a lo largo del imperio. Los acueductos llevaban agua a centros urbanos distantes, las rutas permitían movilizar ejércitos y mercancías con rapidez, y el derecho romano ofrecía una referencia común para resolver conflictos entre pueblos distintos. Roma no solo imponía autoridad; ofrecía pertenencia a una estructura que prometía estabilidad, protección y oportunidades dentro de un orden compartido.

Ese fue el punto más alto de su poder: no cuando conquistaba más territorios, sino cuando millones de personas consideraban que formar parte de Roma era preferible al caos fuera de ella.

Pero esa relación empezó a cambiar. A medida que el imperio creció, el vínculo entre el ciudadano y el poder se volvió más distante. Un punto de inflexión ocurrió en el año 212 d.C., cuando

---

6. Cicero, *De Re Publica; De Legibus*, trans. Clinton W. Keyes (Cambridge, MA: Harvard University Press, 1928), 1.39–41.

el emperador Caracalla extendió la ciudadanía a casi todos los hombres libres del imperio. Lo que parecía una medida inclusiva transformó su significado: lo que antes implicaba responsabilidad pasó a percibirse como una derecho general.[7]

A partir de ese momento, cuando se ampliaron los derechos y minimizaron los deberes, el vínculo se debilitó. El servicio militar dejó de ser una expresión de compromiso. Las lealtades se fragmentaron. El sentido de pertenencia se erosionó. Roma no perdió primero sus territorios. Perdió la disposición de sus ciudadanos a sostener el sistema. Las leyes, las instituciones y los ejércitos seguían existiendo, pero el fundamento que los hacía funcionar había cambiado. Las consecuencias fueron inmediatas: redes comerciales reducidas, infraestructuras en mal estado y ciudades abandonadas. La ciudadanía fue reemplazada por relaciones locales de dependencia que darían origen al oscuro mundo feudal de la edad media.

La historia de Roma enseña que ninguna estructura, por sólida que parezca, puede sostenerse por sí sola. La fuerza puede conquistar, el carisma puede movilizar y las instituciones pueden organizar la vida colectiva, pero el poder solo perdura cuando quienes viven bajo él deciden sostenerlo.

Roma no cayó realmente en el 476 d.C. con la deposición de Rómulo Augústulo. Ese fue solo el cierre visible de un deterioro anterior. Roma comenzó a caer cuando la relación entre el

7. Cassius Dio, *Roman History*, trans. Earnest Cary (Cambridge, MA: Harvard University Press, 1917), 78.9.

ciudadano y el poder perdió su sentido.[8] Cuando ese vínculo desaparece, el sistema puede conservar su forma, pero ya no su sustancia. Y entonces la caída deja de ser una posibilidad: se vuelve consecuencia.

GLYONA: Cuando El Poder Deja De Vigilarse

Las civilizaciones han organizado el poder de formas distintas: pero la historia muestra constantemente que el poder tiene un vínculo directo con el ciudadano. Los ejércitos pueden conquistar, los líderes movilizar y las leyes ordenar, pero nada de eso basta por sí mismo. Todo poder depende de algo más profundo: de las personas que lo aceptan, lo toleran o lo vigilan.

Mientras los ciudadanos examinan el poder y le ponen límites, la libertad tiene defensa. Pero cuando dejan de vigilarlo, este empieza a crecer sin control. Esa fractura no suele comenzar en el estado, sino en la renuncia de los ciudadanos. **El poder no existe por sí mismo; existe porque ha sido otorgado.** Empieza cuando se prefiere la estabilidad sin vigilancia, cuando se aceptan abusos pequeños por utilidad o cuando obedecer se vuelve más fácil que participar. En ese punto, el problema deja de ser quién gobierna para pasar a ser quién decide seguir manteniendo al que gobierna, y en esa relación, el ciudadano es el actor principal, aunque a menudo prefiera creerse un simple espectador. Por eso, los imperios rara vez colapsaron primero en el campo de batalla. Comenzaron a fracturarse cuando se erosionó la legitimidad que sostenía su poder y los ciudadanos dejaron de reconocer ese orden como propio. Ya sea porque el poder se vuelve abusivo, distante o porque los ciudadanos dejan de asumir

8. Edward Gibbon, *The History of the Decline and Fall of the Roman Empire* (London: Penguin Classics, 1994), vol. 1, 25–35.

la responsabilidad de vigilarlo. La libertad no suele desaparecer de golpe; se debilita cuando una sociedad se acostumbra a delegar y a tolerar demasiado.

Entras una vez más. Esta vez no hay silencio.
Hay ruido. Movimiento. Presión.
La sala no ha cambiado de forma. Pero ahora todo pesa.
La cuarta columna —el poder— no se quiebra de inmediato.
Empieza a cargar más de lo que le corresponde.
No porque sea más fuerte.
Sino porque las otras han dejado de sostener.
El poder no cae desde arriba. Se acumula desde abajo.
En cada exceso que se tolera.
En cada abuso que se justifica.
En cada silencio que se acepta porque conviene.
Bajo este umbral no se pone a prueba la fuerza del gobernante.
Se pone a prueba tu decisión de vigilar.
Y entonces ocurre.
No hay aviso. No hay momento exacto.
Las grietas se encuentran.
Las columnas ceden.
La estructura colapsa.
Y entiendes algo tarde:
Nunca estuviste fuera del sistema.
Siempre estuviste en el centro.

***

Parte II
EL MUNDO SOBRE LOS PILARES

GLYONA PRESS

GOBIERNO

Las sociedades no solo comparten ideas también necesitan tomar decisiones, coordinar acciones y establecer reglas para la convivencia. A ese esfuerzo colectivo lo llamamos gobierno.

Hoy, cuando hablamos de política, la conversación se ha reducido a partidos, campañas y líderes. Discutimos quién gana las elecciones o qué estrategia usa un candidato, como si la política fuera un deporte profesional ocupado por especialistas que compiten por dirigir la maquinaria del Estado. Mientras tanto, el ciudadano observa desde el sillón de su casa: vota cada pocos años, reacciona a las noticias y opina sobre los decretos, pero rara vez se reconoce como la pieza activa y fundamental del sistema. Sin embargo, el gobierno ha existido en cada rincón de la historia humana porque siempre ha sido necesario resolver conflictos y fijar rumbos colectivos. Gobernar no es simplemente mandar; es organizar el poder para que una comunidad funcione.

Para entender la relación entre poder y ciudadanía, debemos observar una transformación de fondo: cómo pasamos de ciudadanos que deliberaban juntos sobre la vida común a individuos cada vez más distantes del poder que actúa en su nombre. Ahí aparece la pregunta central: qué responsabilidad conserva el ciudadano cuando ya no gobierna directamente, y qué puede hacer para dejar de vivir como un espectador.

Ciudadano Representado: El Poder Que Delegas

Politics did not begin in institutions. It began in the everyday lives of citizens. In the city-states of ancient Greece, governing meant gathering together, debating, making decisions, and accepting their consequences. Politics was visible. It took place in a public space where words carried real consequences. But as societies grew larger, direct participation became impossible. No longer could everyone assemble, deliberate, and decide together.

Rome responded to this challenge by organizing participation. Laws, public offices, and formal procedures emerged. Power no longer depended solely on the citizen's direct presence but increasingly rested on institutions. To be a citizen no longer meant only taking part in public life; it also meant fulfilling duties within a broader system: cultivating the land, serving in the legions, and helping sustain the common order.

In both Greece and Rome, despite their different political systems, the citizen was not a spectator but an integral part of power itself. To govern and to be governed were not separate functions but two sides of the same responsibility. Yet as the bond between citizenship, civic duty, and institutions weakened, the system began to fragment. After the fall of the Western Roman Empire, Europe entered a more decentralized world. Authority became local, and protection replaced citizenship. Power was no longer experienced as a shared civic responsibility but as dependence on lords, lands, and rigid hierarchies.

Over time, this fragmentation gave way to stronger monarchies and larger states. A new era of modern political thought emerged, shaped by a decisive question: how can power be legitimate when citizens can no longer deliberate together directly? From this period arose many of the ideas that would eventually shape contemporary systems of government.

Thomas Hobbes pensaba que la sociedad necesitaba una autoridad fuerte para evitar el caos.[1]

John Locke defendía que el poder del gobierno nace del consentimiento de los ciudadanos y existe para proteger sus derechos naturales: vida, libertad y propiedad.[2]

Montesquieu advirtió que el poder debía dividirse para controlarse a sí mismo y de esta manera evitar abusos.[3]

Jean-Jacques Rousseau afirmó que la soberanía pertenece al pueblo y que ninguna representación puede reemplazar completamente su voluntad.[4]

> **De estas ideas surgieron muchas de las bases de los Estados modernos: representación, elecciones, derechos universales, constituciones, separación de poderes.**

El gobierno pasó a entenderse como un acuerdo entre ciudadanos, sostenido por instituciones. Pero ese cambio no eliminó la responsabilidad del ciudadano, la transformó. Ya no participaba directamente en cada decisión. Pero seguía siendo

---

1. Thomas Hobbes, *Leviathan* (Cambridge: Cambridge University Press, 1996), 84–89.

2. John Locke, *Two Treatises of Government* (Cambridge: Cambridge University Press, 1988), 350–368.

3. Montesquieu, *The Spirit of the Laws* (Cambridge: Cambridge University Press, 1989), 157–165.

4. Jean-Jacques Rousseau, *The Social Contract*, trans. Maurice Cranston (London: Penguin Classics, 1968), 141–148.

responsable de elegir, evaluar y vigilar.

Ese equilibrio funcionó durante un tiempo. Pero a medida que los Estados crecieron y las sociedades se hicieron más complejas, el gobierno dejó de ser solo representación. El ciudadano empezó a relacionarse menos con decisiones visibles y más con reglas, procesos e instituciones que operan de forma continua. La política dejó de ser solo debates para convertirse en un sistema. Y en ese cambio comenzó una nueva etapa.

Ciudadano Administrado: El Sistema Que Decide

A medida que los Estados modernos crecieron, el gobierno dejó de verse como la voluntad visible de un líder y empezó a funcionar como un sistema continuo.

Hoy no pensamos primero en una persona cuando hablamos de poder. Pensamos en ministerios, agencias, reglamentos y plataformas administrativas. El poder ya no siempre tiene rostro. Muchas veces opera como estructura.

Este cambio no fue casual. Las poblaciones aumentaron, las economías se volvieron más complejas y los territorios más extensos. Para sostener ese orden fue necesario crear sistemas permanentes capaces de funcionar sin interrupción. Así, la política dejó de ser solo decisión. Se volvió administración.

Y con eso cambió también la relación con el ciudadano. Antes, las personas se enfrentaban a líderes visibles. Hoy se enfrentan, sobre todo, a reglas, formularios y procedimientos. La política empezó a sentirse menos como una discusión y más como un sistema de trámites.

Max Weber explico que el estado moderno se organiza sobre reglas estables y procedimientos impersonales. El poder ya no se legitima principalmente por tradición o carisma, sino por legalidad racional: la autoridad de la norma.[5]

Ya no gobiernan la costumbre ni el líder, sino la regla escrita. Este modelo ofrece ventajas evidentes: aporta estabilidad, reduce la arbitrariedad y permite coordinar sociedades complejas sin depender de la voluntad de una sola persona. Al aplicar normas impersonales para todos, busca que el ejercicio del poder sea más objetivo y, en ese sentido, más justo.

Sin embargo, también introduce un riesgo. Max Weber lo describió como la **"jaula de hierro"**: un sistema burocrático cada vez más rígido, donde todo parece funcionar con eficiencia, pero en el que las personas comprenden cada vez menos los mecanismos que gobiernan su vida. A medida que la estructura administrativa crece, el individuo deja de participar activamente y se limita a cumplir procedimientos que rara vez cuestiona. La burocracia organiza el orden, pero también puede reducir progresivamente la autonomía del ciudadano, transformándolo en un simple ejecutor de reglas dentro de un sistema que ya no controla ni comprende.[6]

La experiencia del Estado moderno muestra que cuando las reglas dejan de comprenderse y examinarse, el poder puede seguir funcionando y creciendo sin control cuando la vigilancia ciudadana desaparece.

Tiempo atrás Alexis de Tocqueville ya había advertido algo

---

5. Max Weber, *Economy and Society: An Outline of Interpretive Sociology*, ed. Guenther Roth and Claus Wittich (Berkeley: University of California Press, 1978), 956–1005.

6. Max Weber, *The Protestant Ethic and the Spirit of Capitalism*, trans. Talcott Parsons (London: Routledge, 2001), 181–183.

similar. El poder moderno no siempre se impone con violencia. A veces se expande de forma silenciosa, a través de una administración que organiza cada vez más aspectos de la vida. No domina con fuerza, sino administra.[7] El ciudadano conserva derechos: vota, opina, elige representantes. Pero, al mismo tiempo, el Estado amplía su alcance. Cada nueva función administrativa aumenta su capacidad de intervenir en la vida social. El problema no es solo el exceso de poder. Es la adaptación del ciudadano.

Cuando el sistema resuelve cada vez más cosas, las personas pueden dejar de participar sin darse cuenta o voluntariamente. La responsabilidad se desplaza. La vigilancia se debilita.

Hannah Arendt en su concepto de la **"banalidad del mal"**, mostró que el daño no siempre nace del odio, sino de la ausencia de juicio. A veces ocurre simplemente cuando nadie cuestiona.[8] En estructuras grandes, la responsabilidad se fragmenta. Cada persona cumple una función parcial. Pocos ven el conjunto. Entonces cambia la lógica moral. Ya no se pregunta: ¿esto es justo? Se pregunta: ¿esto cumple la norma? Un sistema puede funcionar con eficiencia incluso cuando sus resultados sean injustos. Ese es el punto crítico.

Cuando la política se reduce a administración y el ciudadano deja de participar, el sistema sigue operando, incluso cuando sus resultados

---

7. Alexis de Tocqueville, *Democracy in America*, trans. Harvey C. Mansfield and Delba Winthrop (Chicago: University of Chicago Press, 2000), 663–666.

8. Hannah Arendt, *Eichmann in Jerusalem: A Report on the Banality of Evil* (New York: Penguin Books, 2006), 287–289.

son injustos y benefician a unos a costa de otros.

En ese contexto, la Segunda Guerra Mundial abrió una nueva etapa en la política moderna. El mundo dejó de organizarse solo por gobiernos y comenzó a dividirse por modelos. La política dejó de disputarse únicamente dentro de cada país. Empezó a disputarse entre formas distintas de organizar el mundo.

Política Ideológica: La Realidad Simplificada

Después de la Segunda Guerra Mundial en 1947, Estados Unidos anunció una nueva estrategia conocida como la Doctrina Truman. Su objetivo era frenar la expansión de la Unión Soviética. Poco después se lanzó el Plan Marshall, que envió grandes cantidades de dinero para ayudar a reconstruir Europa occidental.[9] No era solo ayuda económica. También era una forma de defender un modelo político. Desde ese momento comenzaron a enfrentarse dos formas distintas de organizar la sociedad[10] :

- el capitalismo liberal, liderado por Estados Unidos
- el socialismo estatal, liderado por la Unión Soviética

La disputa no era solo militar o territorial. Era una discusión sobre cómo debía organizarse el mundo. Un modelo defendía el mercado, la propiedad privada y la democracia con elecciones. El otro defendía una economía controlada por el Estado y un sistema

9. Tony Judt, *Postwar: A History of Europe Since 1945* (New York: Penguin Press, 2005), 63–89.

10. John Lewis Gaddis, *The Cold War: A New History* (New York: Penguin Press, 2005), 25–47.

político dirigido por un solo partido. Cada uno ofrecía una forma completa de entender la sociedad. Muy pronto el mundo se dividió en dos bloques. En 1949 se creó la OTAN, una alianza militar entre Estados Unidos, Canadá y varios países de Europa occidental para protegerse frente a la posible expansión soviética. En respuesta, en 1955 la Unión Soviética creó el Pacto de Varsovia, una alianza militar con los países socialistas de Europa del Este.[11]

El planeta quedó dividido en dos grandes sistemas de poder. En ese ambiente, muchas personas empezaron a ver la política no como un debate sobre problemas concretos, sino como una elección entre dos modelos globales. Durante décadas, ese enfrentamiento marcó la política global. Pero introdujo un cambio más profundo. La política dejó de centrarse en problemas concretos y empezó a organizarse en torno a sistemas completos de interpretación. Cada modelo ofrecía una explicación del mundo. Y eso simplificó la discusión. La pregunta dejó de ser: ¿qué solución funciona mejor para combatir el desempleo, incrementar la salud pública, mejorar la educación, incrementar la seguridad pública? Y empezó a ser: ¿de qué lado estás?

Así, la política comenzó a organizarse como una confrontación entre bandos. Las decisiones dejaron de evaluarse por sus resultados y empezaron a evaluarse por su alineación. Las personas dejaron de analizar cada problema por separado y comenzaron a identificarse con una posición general.

La política se volvió identidad. Y con eso, cambió el papel del ciudadano. Ya no participaba principalmente como alguien que examina decisiones. Participaba como alguien que pertenece a un grupo.

11. Odd Arne Westad, *The Cold War: A World History* (New York: Basic Books, 2017), 112–140

Incluso cuando el enfrentamiento global terminó —con la caída del Muro de Berlín en 1989 y la disolución de la Unión Soviética en 1991— esa lógica no desapareció. El conflicto dejó de ser entre países y pasó a ocurrir dentro de cada sociedad.

La división ideológica siguió organizando la política. Los debates se centraron en el papel del Estado, el mercado, la identidad y la distribución de la riqueza. Pero la estructura del conflicto se mantuvo: posiciones enfrentadas, identidades opuestas, lealtades firmes. El ciudadano siguió participando, pero en lugar de intervenir directamente en la discusión pública, su participación se fue concentrando en momentos específicos: votar, opinar, reaccionar. La política dejó de ser una práctica continua y se volvió intermitente. Al mismo tiempo, el poder se fue concentrando en estructuras más estables: partidos políticos, liderazgos profesionales y sistemas organizados de decisión. La distancia entre gobernantes y ciudadanos empezó a crecer. Y en ese contexto apareció otro cambio.

La política dejó de vivirse principalmente en espacios físicos para pasar a vivirse en los medios. Los debates ya no ocurrían solo en plazas o parlamentos. Ocurrían en televisión, en titulares y en imágenes diseñadas para captar atención. La forma de comunicar empezó a influir tanto como el contenido. La política adoptó el lenguaje de la publicidad con mensajes breves, narrativas simples y emociones intensas. Gobernar ya no significaba solo tomar decisiones. También significaba construir relatos capaces de sostener apoyo. Así comenzó una nueva etapa. La política ya no solo se debatía ni se representaba, poco a poco empezó a convertirse en espectáculo.

El Espectáculo: La Atención Sin Análisis

Hoy muchas personas viven la política a través de pantallas. Debates en televisión, videos en redes y titulares diseñados para captar atención forman el entorno en el que se percibe la vida pública. La política no ha desaparecido. Pero ha cambiado de forma. Durante mucho tiempo se experimentaba de manera directa: reuniones públicas, discusiones comunitarias y participación local. Hoy llega sobre todo como una representación continua.

Al mismo tiempo, se ha convertido en una actividad cada vez más estructurada y distante. Detrás de cada mensaje hay equipos que diseñan cómo se presenta cada líder. El político ya no es solo un ciudadano que asume un cargo por un tiempo. Muchas veces se convierte en un profesional permanente. Gobernar sigue siendo tomar decisiones. Pero también implica gestionar cómo esas decisiones son percibidas. Cada palabra se calcula. Cada gesto se analiza. Incluso el silencio comunica. Por eso el debate público se desplaza: no gira solo alrededor de lo que se decide, sino de cómo se presenta.

En un entorno saturado de información, la atención se vuelve escasa. Y cuando la atención es limitada, los mensajes se simplifican para poder competir. Lo inmediato desplaza a lo complejo. Lo impactante desplaza a lo reflexivo.

Como advirtió Neil Postman, cuando el debate público adopta la lógica del entretenimiento, el contenido termina adaptándose al medio.[12]

12. Neil Postman, *Amusing Ourselves to Death: Public Discourse in the Age of Show Business* (New York: Penguin Books, 1985), 87–113.

La política empieza a operar con reglas distintas: captar atención, generar reacción y sostener visibilidad.

En ese proceso, el conflicto gana espacio. No solo porque exista, sino porque se ve más. La polarización deja de ser únicamente una diferencia de ideas. Se convierte en una forma de organizar la conversación pública. En este entorno, las crisis adquieren un papel central.

El jurista Carl Schmitt señaló que el soberano es quien decide en situaciones excepcionales. En momentos de crisis, el poder actúa con rapidez, incluso alterando reglas habituales.[13] La urgencia reduce el tiempo para debatir. La acción reemplaza a la deliberación.

A esto se suma otra transformación. Las plataformas digitales no solo transmiten información. También la organizan. Los algoritmos priorizan aquello que genera reacción. No es una conspiración solo es una lógica de funcionamiento que tiene consecuencias.

Los contenidos que provocan indignación, miedo o entusiasmo circulan más rápido que aquellos que requieren atención y análisis. Así, el debate público no solo se simplifica. Empieza a deformarse.

La discusión deja de organizarse alrededor de argumentos compartidos y empieza a girar alrededor de estímulos que

13. Carl Schmitt, *Political Theology: Four Chapters on the Concept of Sovereignty*, trans. George Schwab (Chicago: University of Chicago Press, 2005), 5–15.

compiten por atención.

El espacio público no desaparece, pero se fragmenta. Y cuando se fragmenta, se vuelve más difícil exigir coherencia al poder. Nunca hubo tanta información disponible. Pero esa abundancia no garantiza comprensión.

El filósofo Byung-Chul Han señala que el control ya no opera principalmente mediante la imposición visible. Puede surgir de algo más sutil: la exposición constante y la producción continua de información.[14]

> **Hoy se reacciona rápido, se comparte rápido y también se olvida rápido. La política empieza a adaptarse a ese ritmo.**

En este contexto, el ciudadano sigue participando, pero de otra forma. Vota, opina, reacciona. Pero cada vez resulta más difícil seguir el proceso completo de las decisiones que afectan su vida. Las instituciones continúan funcionando. Las leyes se aprueban. Las decisiones se ejecutan. Pero la distancia entre lo que ocurre y lo que se percibe crece. Y lo que no se entiende, deja de vigilarse.

GLYONA: Cuando El Gobierno Ya No Se Vigila

Ahí aparece un problema más profundo. Los gobiernos adoptan distintas formas: leyes, cargos, instituciones y procedimientos. El ciudadano ya no gobierna directamente, pero no deja de ser responsable. Ya no decide cada medida, pero debe vigilar el poder

---

14. Byung-Chul Han, *The Transparency Society* (Stanford: Stanford University Press, 2015), 1–12.

que actúa en su nombre.

Hoy, muchas decisiones públicas ya no pasan por espacios visibles. Operan dentro de sistemas administrativos, técnicos y digitales que la mayoría de las personas no comprende por completo. La inteligencia artificial puede mejorar el gobierno: permite analizar grandes volúmenes de datos, anticipar escenarios y agilizar decisiones. Pero también introduce un riesgo distinto. Cuando una parte creciente del poder descansa sobre sistemas difíciles de comprender, la pregunta ya no es solo si una decisión es eficiente, sino si puede ser examinada.

Lo que no se comprende deja de vigilarse. Y cuando la política se convierte en representación, cuando la información se fragmenta y cuando la atención es dirigida por dinámicas que el ciudadano no controla, la vigilancia deja de ser automática. Se convierte en una decisión.

Por eso, la política no debe medirse solo por el ruido que produce, sino por sus resultados: la seguridad, la pobreza, la economía y la calidad institucional. Es ahí donde el poder revela lo que realmente es y lo que consigue. Una sociedad puede pasar horas debatiendo escándalos, enfrentamientos y declaraciones, y aun así dejar sin examinar el rumbo real del gobierno.

Tener un gobierno no elimina la responsabilidad del ciudadano. La hace más urgente. Porque cada aceptación, cada silencio y cada justificación también legitiman el poder. El problema no es solo quién gobierna. Es qué estás dispuesto a tolerar como ciudadano.

La pregunta no es qué partido tiene razón, sino si el rumbo del gobierno sigue siendo fiel al sentido que una sociedad dice defender; si sus decisiones son justas, no solo para una facción sino para todos; si todavía buscas la verdad en lo que el poder dice y hace, o si ya te has entregado al espectáculo, a la reacción inmediata y a una información que no examinas.

Y aún queda una pregunta más incómoda: si al aceptar, justificar o tolerar el poder actual, continúas legitimando un sistema que ya ha comenzado a separarse de aquello que afirmaba proteger.

En ese punto, la elección es clara: observar, comprender y cuestionar, o permanecer inmóvil. No frente a un gobernante, sino frente a tu propia responsabilidad hacia el poder que actúa en tu nombre.

Es ahí donde se decide si una sociedad permanece unida… o comienza a ceder.

***

Pero el poder no actúa solo a través de las leyes, los gobiernos o las instituciones. También organiza la manera en que las sociedades producen, intercambian y distribuyen sus recursos. Toda decisión política termina teniendo una expresión económica, y toda estructura económica influye en la forma en que se ejerce el poder. Por eso, comprender una civilización exige mirar no solo cómo se gobierna, sino también cómo crea valor, cómo recompensa el trabajo y cómo define la riqueza. Es en ese espacio, donde las decisiones cotidianas de millones de personas sostienen o transforman el orden colectivo, donde comienza el siguiente capítulo.

ECONOMÍA

Después de organizar su gobierno, toda sociedad enfrenta una realidad: cómo organiza lo que necesita para vivir. Precios, salarios, mercados o crecimiento como si el sistema fuera una maquinaria automática que funciona por inercia. Pareciera que basta con que las reglas existan y los números cierren para que la prosperidad sea eterna. Sin embargo, la economía no es un conjunto de mecanismos abstractos. Es el resultado vivo de millones de decisiones humanas repetidas cada segundo de cada día. Cada persona participa en esta red, incluso cuando no lo nota. Al trabajar, comprar, ahorrar o invertir, no solo estás intercambiando bienes por dinero; estás validando —o debilitando— el orden económico del que dependes. Durante gran parte de la historia, ese vínculo era transparente: sabías quién cultivaba lo que comías. Con el paso de los siglos, ese proceso se volvió una selva de complejidad. Y aquí reside el peligro: cuando el origen del valor deja de entenderse, también deja de cuestionarse. Se crea una grieta entre nuestras acciones y sus consecuencias. Seguimos participando en el sistema, pero ya no sabemos con claridad qué tipo de mundo estamos sosteniendo con nuestro dinero.

Para entender cómo se construyó esa complejidad, conviene retroceder a un momento en que la economía era más simple y su funcionamiento más evidente. Hubo un tiempo en que el valor no estaba disperso en redes invisibles ni sostenido por sistemas difíciles de comprender. Se encontraba en lo cercano: en la tierra que se trabajaba y en el oficio que se dominaba. Allí, la relación entre esfuerzo y resultado no necesitaba explicaciones. Era directa.

Tierra Y Oficio: El Valor Visible

Durante miles de años, la riqueza tuvo una forma simple y visible: la tierra. En las sociedades antiguas, el valor no era una idea abstracta ni un número dentro de un sistema financiero. Era algo que las personas podían ver. Nacía del trabajo sobre la tierra, del cuidado de los animales, del almacenamiento de las cosechas y de la capacidad de una comunidad para sostener su vida material. La prosperidad no parecía lejana. Formaba parte de la experiencia cotidiana.[1] Las primeras civilizaciones crecieron alrededor de ríos y tierras fértiles. Su estabilidad dependía de producir alimento. Trigo, cebada, ganado y cosechas no eran solo bienes económicos. Eran la base de la vida social. Quien controlaba la tierra controlaba también buena parte de la riqueza. De ahí surgían formas tempranas de organización política. Pero la economía no descansaba solo en ese control. Dependía de muchas personas cumpliendo su parte: quienes sembraban, cosechaban, transportaban, almacenaban, administraban y distribuían. La tierra por sí sola no garantizaba prosperidad. Hacía falta una red de responsabilidades humanas para convertir sus recursos en sustento.

En la Grecia clásica, la economía comenzaba en el oikos: la casa, la tierra, las herramientas y todo lo necesario para sostener a la familia. Gran parte de lo que se consumía nacía dentro de ese entorno cercano. El ciudadano sabía de dónde venía su sustento porque podía verlo y participaba, de un modo u otro, en el orden

1. Jared Diamond, *Guns, Germs, and Steel: The Fates of Human Societies* (New York: W. W. Norton & Company, 1997), 85–92.

que lo hacía posible.

Roma heredó parte de esa visión. Durante la República, el ideal del ciudadano romano unía dos funciones: agricultor y soldado. La tierra daba independencia. El servicio militar protegía el orden que permitía conservarla. Así, la economía no aparecía separada de la vida cívica. La prosperidad dependía tanto del trabajo como de la estabilidad que los propios ciudadanos ayudaban a defender. Mientras ese equilibrio se mantuvo, el origen del valor fue claro. Las personas podían reconocer no solo de dónde venía la riqueza, sino también qué conductas la sostenían: trabajo, disciplina, cumplimiento y responsabilidad hacia la comunidad.

Pero con el tiempo, las sociedades crecieron y sus necesidades cambiaron. Ya no bastaba con producir alimento. Hacían falta mejores herramientas, viviendas más sólidas, tejidos más resistentes y objetos capaces de facilitar la vida diaria. Entonces el valor comenzó a desplazarse. Ya no estaba solo en la tierra, sino también en la habilidad humana para transformar materiales en algo útil. En las ciudades medievales aparecieron los gremios: asociaciones de artesanos que compartían un oficio y organizaban el trabajo, la enseñanza y la calidad de lo producido. Su fuerza no estaba solo en sus reglas. Estaba en la confianza que podían generar. Un artesano no ofrecía solo un objeto. Ofrecía una promesa de calidad, cuidado y cumplimiento.[2]

En ese mundo, el valor seguía siendo visible. No solo porque las personas podían ver lo que se producía, sino porque también podían reconocer a quienes sostenían la economía con su conducta diaria. Agricultores, artesanos, comerciantes, compradores y autoridades participaban en un mismo entramado de responsabilidades.

---

2. Henri Pirenne, *Medieval Cities: Their Origins and the Revival of Trade* (Princeton: Princeton University Press, 1925), 101–126.

Antes de que la riqueza se volviera abstracta, era más fácil reconocer una verdad básica: la economía no es un sistema que funciona por sí solo. Depende de las personas que, cada día, cumplen o dejan de cumplir su parte.

La Fábrica: El Valor Que Se Divide

A finales del siglo XVIII comenzó una transformación profunda en la economía de Europa. La Revolución Industrial introdujo nuevas máquinas, nuevas formas de organizar el trabajo y una capacidad de producción mucho mayor que la que habían tenido las sociedades hasta entonces. La tierra dejó de ser el único centro de la riqueza y los pequeños talleres artesanales dejaron de ser el principal lugar de producción. El nuevo centro de la economía pasó a ser la fábrica.[3]

Las máquinas permitían producir más rápido y en mayores cantidades. Antes, un artesano fabricaba un objeto casi completo por sí mismo. En el mundo industrial, el trabajo empezó a dividirse. Muchas personas participaban en el mismo proceso, pero cada una realizaba solo una parte. Así se consolidó la división del trabajo.[4] En lugar de dominar todo el proceso, cada trabajador asumía una tarea específica. Uno ensamblaba una pieza, otro ajustaba un mecanismo y otro operaba una máquina. Cada uno contribuía con una parte dentro de una cadena de producción mucho más grande. Este sistema permitió producir mucho más

3. Robert C. Allen, *The British Industrial Revolution in Global Perspective* (Cambridge: Cambridge University Press, 2009), 1–25.

4. Adam Smith, *An Inquiry into the Nature and Causes of the Wealth of Nations* (New York: Modern Library, 2000), 13–24.

que antes. Los productos se fabricaban con mayor rapidez y podían llegar a muchas más personas. Objetos que antes eran caros o difíciles de conseguir comenzaron a ser accesibles. Ese cambio fue decisivo, las sociedades empezaron a valorar algo que antes era menos común: la abundancia de bienes. Ropa, herramientas y utensilios podían producirse en mayor cantidad y a menor costo. Muchas familias accedieron por primera vez a productos que antes estaban reservados para pocos. La producción industrial no solo aumentó la oferta. Cambió lo que se entendía por prosperidad.

Este cambio en lo que las personas valoraban consolidó el sistema industrial. Las fábricas crecieron porque podían producir más y porque la sociedad empezó a reconocer el valor de esa producción a gran escala. Pero esta nueva organización también transformó la relación entre el trabajador y el valor que producía. En el mundo artesanal, el trabajador podía ver el resultado completo de su trabajo. El zapatero hacía el zapato. El carpintero construía el mueble. El objeto terminado reflejaba directamente su habilidad.

En la fábrica, esa relación se volvió más distante. El trabajador participaba en el proceso, pero muchas veces no veía el resultado final. Su tarea era solo una parte dentro de un sistema más grande. Al mismo tiempo apareció una forma distinta de participar en la economía: el salario. En lugar de vender directamente lo que producía, el trabajador vendía su tiempo. Su aporte empezó a medirse en horas trabajadas dentro de la fábrica. La producción industrial también concentró el control de las máquinas, las fábricas y el capital en manos de quienes podían organizarlos y financiarlos. El trabajo de muchos se integraba dentro de estructuras dirigidas por un número reducido de propietarios e inversionistas.

Con ello comenzó a tomar forma una nueva estructura social. Quienes controlaban el capital y la organización de la producción podían acumular riqueza en una escala mayor que en etapas anteriores. La economía industrial no solo cambió la forma de producir. Cambió quién podía concentrar valor dentro del sistema. Aun así, el sistema se expandió porque respondía a algo que las sociedades empezaron a valorar: la posibilidad de producir más y ampliar el acceso a bienes.

El valor seguía naciendo del trabajo humano, pero ya no se percibía de la misma manera. Se generaba dentro de sistemas productivos cada vez más grandes, donde el aporte individual se volvía menos visible.

Hoy esa distancia es aún mayor. Participamos en la economía todos los días, pero rara vez vemos con claridad cómo se produce el valor que sostenemos con nuestras decisiones. Con el tiempo, la complejidad continuaría creciendo. La producción seguiría siendo importante, pero nuevas formas de riqueza comenzarían a surgir fuera de las fábricas. El valor empezaría a depender cada vez más de expectativas, mercados financieros y confianza en el futuro.

El Crédito: El Valor Que Se Anticipa

A medida que la economía industrial creció durante los siglos XIX y XX, también cambió la forma en que las sociedades entendían el valor. Las fábricas seguían produciendo bienes, pero comenzó a desarrollarse otro sistema que organizaba el dinero pensando en el futuro: el sistema financiero.[5] Las fábricas producían objetos concretos como ropa, herramientas o alimentos. Pero

5. Niall Ferguson, *The Ascent of Money: A Financial History of the World* (New York: Penguin Press, 2008), 45–68.

para construir más fábricas, abrir nuevas empresas o desarrollar proyectos de mayor escala, se necesitaba reunir grandes cantidades de dinero. Los bancos, las bolsas de valores y los sistemas de crédito permitieron concentrar ese capital y dirigirlo hacia nuevas inversiones. De este modo, la economía empezó a depender no solo de lo que se producía en el presente, sino también de lo que se esperaba producir en el futuro.

En este contexto aparecieron instrumentos financieros como los bonos y las acciones.[6] Un bono es, en esencia, un préstamo: alguien entrega dinero hoy y recibe la promesa de recuperarlo más adelante con un interés. Una acción, en cambio, representa una parte de una empresa. Si la empresa crece, quienes poseen acciones participan de ese resultado. Estos instrumentos no producen riqueza por sí mismos. Su valor depende de algo menos visible: la confianza. Las personas confían en que una empresa, un gobierno o una institución podrán cumplir sus promesas en el tiempo. Así, el valor empezó a depender no solo de lo que ya existe, sino también de lo que se cree posible. Una empresa puede aumentar su valor antes de producir más, simplemente porque los inversionistas esperan que tenga éxito. Pero cuando esa confianza se debilita, ese valor puede desaparecer con la misma rapidez.

El sistema financiero introdujo además una dimensión nueva en la economía: el tiempo. Permite utilizar hoy recursos que se pagarán más adelante. Los gobiernos financian infraestructuras que se devolverán durante décadas. Las empresas invierten anticipando beneficios futuros. Incluso las personas participan cuando utilizan crédito para adquirir algo que pagarán después. Gracias a este mecanismo, las sociedades pudieron desarrollar proyectos que de otro modo habrían sido imposibles. Ferrocarriles, puertos, redes de energía, industrias tecnológicas y gran parte de

---

6. Burton G. Malkiel, *A Random Walk Down Wall Street* (New York: W. W. Norton & Company, 2019), 33–52.

la infraestructura moderna dependen de esta capacidad de reunir capital y proyectarlo hacia el futuro.

Este proceso también transformó la estructura económica. Ganaron influencia quienes podían concentrar capital, administrar crédito y dirigir inversiones. El poder económico empezó a desplazarse hacia quienes organizaban el dinero en el tiempo, no solo hacia quienes producían bienes en el presente. Pero este cambio también alteró la relación entre las personas y el origen del valor. En la economía financiera, el valor depende muchas veces de expectativas, confianza y evaluaciones de riesgo que no siempre son fáciles de comprender. El ciudadano sigue participando como trabajador, consumidor o ahorrista. Cada decisión forma parte del sistema. Sin embargo, a medida que el valor se organiza alrededor de promesas sobre el futuro, la conexión entre esas decisiones y su impacto real se vuelve menos visible. El valor no desaparece. Sigue apoyándose en la producción que sostiene la vida material. Pero el sistema financiero transforma esa base en contratos, proyecciones y expectativas. Así, la riqueza deja de organizarse solo alrededor de lo que existe y empieza a depender también de lo que se espera que exista. Este cambio permitió que las economías modernas invirtieran más y crecieran con mayor rapidez.

El valor futuro hizo que el valor se volviera más abstracto, preparando el paso hacia una economía cada vez más separada de lo tangible y más ligada a la información, las expectativas y la interpretación.

Los Datos: El Valor Que No Se Percibe

Gran parte de la economía ya no se organiza únicamente en torno a bienes físicos o servicios directos, sino a sistemas que ordenan información, decisiones y comportamientos a gran escala.[7] Plataformas digitales, redes globales y sistemas automatizados coordinan millones de interacciones en tiempo real. No solo conectan oferta y demanda. También influyen en qué se consume, cómo se decide y hacia dónde se dirige la atención.[8] El poder económico se desplaza entonces. Ya no se concentra únicamente en quien produce, sino en quien organiza los flujos. Quien controla la infraestructura donde ocurren las transacciones, quien diseña los sistemas que ordenan la información y quien define las reglas invisibles que guían las decisiones, adquiere una influencia que no siempre es evidente.

En este contexto, el ciudadano genera datos, y con estos alimenta sistemas.[9] Sin saberlo contribuye a estructuras que operan a una escala difícil de comprender. Participa más que nunca pero entiende menos que nunca. Y esa distancia cambia la relación con la economía. Cuando el origen del valor se vuelve menos visible y los mecanismos que lo organizan se vuelven más complejos, la capacidad de evaluar sus efectos también se debilita. Las decisiones cotidianas siguen teniendo impacto, pero ese impacto se vuelve más difícil de rastrear. Una elección individual puede parecer

---

7. Shoshana Zuboff, *The Age of Surveillance Capitalism* (New York: PublicAffairs, 2019), 8–25.

8. Tim Wu, *The Attention Merchants: The Epic Scramble to Get Inside Our Heads* (New York: Alfred A. Knopf, 2016), 5–20.

9. Viktor Mayer-Schönberger and Kenneth Cukier, *Big Data: A Revolution That Will Transform How We Live, Work, and Think* (Boston: Houghton Mifflin Harcourt, 2013), 73–98.

mínima. Pero dentro de estos sistemas puede amplificarse y sostener dinámicas mucho más amplias.

Por eso, el problema ya no es solo cómo se produce la riqueza. Es si quienes participan en ella comprenden el sistema que están sosteniendo. Porque cuando el funcionamiento de la economía se vuelve opaco, el poder tiende a concentrarse en quienes pueden verla, diseñarla y operarla. Y cuando esa concentración ocurre sin comprensión ni vigilancia por parte de quienes participan, la economía deja de ser una red de cooperación Empieza a convertirse en una estructura que avanza por inercia, guiada por decisiones que no siempre son visibles ni discutidas.[10] El sistema sigue funcionando. Pero cada vez menos personas entienden cómo.

> **Cuando una sociedad participa en una economía que no comprende, también empieza a perder la capacidad de decidir hacia dónde quiere que esa economía la lleve.**

GLYONA: La Riqueza Que Ya No Se Ve

La riqueza puede expresarse en monedas, balances o cifras digitales. Pero ningún sistema económico se sostiene por sí solo. Los mercados organizan intercambios. Las empresas producen bienes.

Los gobiernos regulan. Sin embargo, el valor no nace ahí. Surge de millones de decisiones cotidianas. Una economía no se define solo por lo que produce, sino por la calidad de las decisiones que la sostienen. El equilibrio no se decide en los bancos centrales ni en las bolsas de valores. Se decide en la conducta de quienes participan en ella. Con el tiempo, la economía se volvió más amplia, más rápida

---

10. Nick Srnicek, *Platform Capitalism* (Cambridge: Polity Press, 2017), 39–63.

y más sofisticada. Pero ocurrió algo más profundo: el origen del valor dejó de ser visible.

Hoy participas todos los días. Trabajas, compras, inviertes, consumes información y generas datos. Cada acción forma parte de una red más amplia. Pero muchas veces no sabes qué estás sosteniendo con esas decisiones. Un precio bajo puede ocultar explotación. Un producto barato puede depender de daño ambiental. Un sistema financiero puede canalizar recursos de origen incierto. La transacción parece pequeña, pero el sistema que valida puede ser enorme.

No es una acusación, sino una advertencia: cuando el sistema se vuelve opaco, la responsabilidad no desaparece. Simplemente se vuelve menos visible.

La economía moderna ha ampliado la distancia entre participar y comprender. Pero el principio no cambia. Cada decisión económica tomada por el ciudadano sigue legitimando el sistema económico.

No se trata de defender el mejor modelo económico, sino de entender qué estás sosteniendo a través de tus transacciones. Las sociedades producen bienes para sostener la vida material. La economía puede decirnos cuánto vale algo, pero no puede decirnos por qué debería importarnos o qué merece perdurar. Esa decisión le pertenece al ciudadano. Con cada compra, inversión o intercambio, no solo participas en la economía: también sostienes el modelo que la organiza.

Por esa razón, es importante que en cada transacción te hagas las siguientes preguntas: ¿Qué estoy financiando con esta acción? ¿Ese valor está alineado con el sentido que digo defender? ¿Es justo con quienes participan en producirlo?

Cuando esas preguntas desaparecen, el sistema no se detiene; continúa produciendo, distribuyendo y creciendo. Pero lo hace sin ser examinado, y en ese punto la responsabilidad ya no recae en la estructura, sino en quien decide no mirar.

De esta manera se sostiene el poder económico que organiza la vida material de una sociedad. No desde arriba, sino desde abajo: en cada transacción realizada sin examinar su impacto en la sociedad.

***

Cuando la economía sigue funcionando, pero deja de responder a lo que la sociedad dice valorar, el problema deja de ser económico para volverse cultural. Ahí comienza el dilema del arte.

ARTE

Las sociedades siempre crearon imágenes para entenderse a sí mismas. A través de símbolos, formas y representaciones, hicieron visible lo que consideraban importante y digno de permanecer. Hoy las imágenes siguen presentes, pero algo ha cambiado. Nunca se produjeron tantas, circularon tan rápido y nunca se olvidaron con tanta facilidad. El arte ya no solo compite por la belleza o por el significado. Sino por tu atención.

Cuando se habla de arte, muchas conversaciones se centran en el artista, en su estilo y en su capacidad de expresar una mirada propia. Se valora la originalidad, la creatividad y la libertad de hacer algo distinto. Al mismo tiempo, el arte circula dentro de un sistema cultural amplio donde museos, galerías, ferias, subastas y plataformas digitales influyen en qué obras reciben atención y cuáles se vuelven valiosas. Por eso muchas personas entienden hoy el arte de dos maneras: como expresión individual o como parte de una industria cultural que responde al mercado, a la visibilidad y a la demanda. Sin embargo, durante gran parte de la historia, el arte cumplió una función distinta. No estaba centrado en mostrar al artista. Estaba al servicio de algo compartido. Ayudaba a una comunidad a representar lo que consideraba verdadero, valioso o digno de permanecer.

Templos, esculturas, pinturas y monumentos no eran solo objetos decorativos. Eran formas visibles de recordar un orden, transmitir una memoria y reforzar una identidad común. El arte no solo adornaba una civilización. Le daba una imagen de sí misma.

El problema aparece cuando esa relación se debilita. ¿Qué ocurre cuando una sociedad sigue produciendo imágenes, pero ya no reconoce en ellas un significado común? Ese es el punto de fondo de este capítulo.

A lo largo de la historia, el arte ha pasado de expresar el mundo compartido de una comunidad a responder cada vez más a la experiencia individual y a la lógica de la visibilidad. La cuestión no es solo qué arte produce una sociedad. La cuestión es si sus ciudadanos todavía pueden reconocer en ese arte algo que merezca ser preservado.

Para entender cómo comenzó esta relación entre arte, significado y vida en común, conviene volver a un momento en que las obras no buscaban destacar al creador, sino afirmar el orden que una civilización quería sostener.

Lenguaje Compartido: Significado Que Une

Las primeras civilizaciones no producían imágenes para celebrar al artista. Las creaban para ayudar a la comunidad a comprender el mundo, su lugar dentro de él y lo que debía preservarse para mantener el orden. Por eso los templos, las esculturas y los relieves no eran solo objetos decorativos. Eran señales visibles. Mostraban qué debía respetarse, qué debía recordarse y qué valores sostenían a la sociedad. El arte no estaba hecho solo para gustar. Estaba hecho para formar a la persona.

En el antiguo Egipto, esta función estaba unida al Maat: equilibrio, verdad y armonía. Las imágenes seguían reglas precisas y durante siglos repitieron las mismas formas. Esa repetición no era falta de creatividad. Era parte del mensaje. Al ver siempre las mismas imágenes, las personas entendían que el orden del mundo no debía alterarse. El arte no buscaba sorprender. Buscaba enseñar continuidad. Las pirámides, los templos y las grandes estatuas transmitían esa misma idea. No estaban hechos solo para impresionar. Mostraban permanencia.[1] La piedra sugería algo simple: el orden debía durar más que una generación.

En Grecia, el lenguaje del arte cambió, pero su función se mantuvo. También formaba al ciudadano, ahora a través de la proporción, la medida y la armonía.[2] La belleza dejó de ser solo apariencia. Se convirtió en equilibrio entre las partes. El cuerpo humano pasó a ser una imagen visible de ese ideal. En templos como el Partenón y en las esculturas clásicas, se mostraba que el mundo podía comprenderse mediante orden y razón. La belleza no era un lujo. Era una forma de aprender a reconocer el equilibrio que debía reflejarse también en la vida pública.

Roma heredó mucho del arte griego, pero le dio otro propósito. El arte se convirtió en una herramienta de memoria.[3] Arcos de triunfo, columnas con relieves y bustos de emperadores no eran simples adornos. Recordaban victorias, mostraban autoridad y enseñaban qué significaba pertenecer a Roma.

En las antiguas civilizaciones, el arte ayudaba a construir una historia compartida.

Si observamos estas tres civilizaciones, aparece una misma

---

1. Toby Wilkinson, *The Rise and Fall of Ancient Egypt* (New York: Random House, 2010), 55–78.

2. Kenneth Clark, *The Nude: A Study in Ideal Form* (Princeton: Princeton University Press, 1956), 21–45.

3. Paul Zanker, *The Power of Images in the Age of Augustus* (Ann Arbor: University of Michigan Press, 1988), 1–24.

idea: el arte enseñaba a una sociedad a reconocer aquello que consideraba valioso. En Egipto, ese significado era cósmico; en Grecia, racional y armónico; en Roma, político e institucional. Pero en todos los casos, el centro no era el artista. Era la mirada común. Mientras ese reconocimiento existía, la comunidad conservaba un lenguaje compartido. Cuando se debilitaba, las obras podían seguir existiendo, pero dejaban de unir. Ahí aparece la idea central: el arte no solo refleja a una civilización, forma la manera en que esa civilización se entiende a sí misma. Y cuando esa mirada se fragmenta, lo que se pierde no son las imágenes, se pierde el sentido que las sostenía.

Mirada Individual: El Significado Que Se Expresa

En la Edad Media el arte ya no solo mostraba cómo estaba organizado el mundo visible. Ayudaba a comprender la vida dentro de un orden superior, más allá de lo que las personas podían ver. El arte se convirtió en una mediación hacia lo divino, lo eterno y lo sagrado. Las imágenes no solo representaban esas ideas. También orientaban la vida dentro de ellas. En la Europa medieval, esta función estuvo unida a la religión. Iglesias, frescos, esculturas y manuscritos iluminados formaban un lenguaje visual que enseñaba la fe, transmitía valores morales y mostraba el lugar de cada persona dentro de un orden espiritual.[4]

El arte medieval no buscaba copiar la realidad tal como se veía. Buscaba mostrar cómo debía entenderse. Ayudaba a distinguir lo sagrado de lo cotidiano y lo eterno de lo pasajero. Por eso muchas obras no eran realistas. Las figuras sagradas podían aparecer

4. Umberto Eco, *Art and Beauty in the Middle Ages* (New Haven: Yale University Press, 1986), 1–20.

más grandes que las demás y los fondos dorados no intentaban reproducir un cielo real. Todo señalaba que la vida humana no se agotaba en el mundo visible. Las grandes catedrales expresan con claridad esta visión. Como en la Catedral de Chartres (Notre-Dame), donde la luz que atraviesa los vitrales no buscaba iluminar solo el espacio, sino transformar la percepción de quien entraba.[5]

No eran solo edificios religiosos, eran obras levantadas durante generaciones por toda una comunidad. Se sostenía una forma compartida de entender la existencia. La arquitectura, los vitrales y las esculturas enseñaban una manera de mirar la vida. Entrar en una catedral era entrar en una visión del mundo.

Pero el arte no podía sostener ese significado por sí solo. Las imágenes podían mostrar un orden espiritual, pero solo las personas podían reconocerlo y mantenerlo vivo. Mientras ese reconocimiento existía, el arte conservaba su fuerza. Cuando desapareció, las obras permanecieron, pero su función cambió. Siguieron existiendo como objetos, aunque ya no orientando la vida común.

Con el Renacimiento esta relación empezó a transformarse. El redescubrimiento del mundo clásico y la perspectiva cambiaron la forma de representar la realidad. El espacio comenzó a organizarse desde el punto de vista humano. Las figuras adquirieron volumen, anatomía y emoción. La perspectiva no fue solo una técnica. Introdujo una idea nueva: el mundo podía representarse desde la mirada de una persona.[6] Este cambio modificó también la relación entre el ciudadano y el significado cultural. Durante siglos, las imágenes habían guiado la mirada hacia un orden

5. Otto von Simson, *The Gothic Cathedral: Origins of Gothic Architecture and the Medieval Concept of Order* (Princeton: Princeton University Press, 1988), 3–25.

6. Erwin Panofsky, *Renaissance and Renascences in Western Art* (New York: Harper & Row, 1960), 45–72.

espiritual compartido. Ahora empezaban a mostrar que la experiencia humana tenía valor propio. Los retratos se hicieron más frecuentes. La figura humana dejó de ser solo un símbolo y comenzó a tener presencia individual. En ese momento apareció también una figura nueva: el artista reconocido como individuo. Los creadores empezaron a firmar sus obras, a desarrollar estilos propios y a recibir prestigio por su talento. Así surgió una tensión nueva. El arte seguía ofreciendo símbolos que la comunidad podía compartir, pero al mismo tiempo empezaba a expresar la mirada personal del artista.

A medida que la mirada del artista ganó influencia, el arte empezó a separarse de los símbolos compartidos que durante siglos habían sostenido el significado común de la sociedad.

Ruptura: El Significado Que Se Fragmenta

Con el arte moderno se comenzó a explorar emociones, conflictos y visiones individuales. Las obras ya no buscaban sostener una tradición compartida. Muchas veces intentaban cuestionarla. Ese cambio transformó también la relación entre el ciudadano y el arte. Antes, las personas encontraban en las obras un lenguaje común que ayudaba a interpretar el mundo. Ahora se enfrentaban con mayor frecuencia a la experiencia particular de otra persona, el artista.

A fines del siglo XVIII y durante el XIX, el Romanticismo dio un nuevo valor a la emoción, la imaginación y la vida interior. La naturaleza dejó de representarse solo como orden y proporción.[7] También apareció como algo inmenso y capaz de provocar asombro o temor. La autenticidad personal comenzó a verse como una forma de verdad artística. Este cambio amplió la libertad creativa, pero también hizo más exigente la tarea del ciudadano. Cuando el arte deja de transmitir símbolos evidentes, ya no basta con recibir un significado. Hay que interpretarlo. En el siglo XX, esta transformación se volvió más radical. Las vanguardias rompieron con las formas tradicionales. Muchas obras comenzaron a provocar, desconcertar o cuestionar lo establecido.

Un urinario presentado como obra de arte, como en *Fountain* de Marcel Duchamp, podía poner en duda que debía considerarse arte.[8]

Un lienzo fragmentado, como en *Les Demoiselles d'Avignon* de Pablo Picasso, podía romper la forma tradicional de representar el cuerpo humano.[9]

El arte dejó de explicar y empezó a tensionar.

Por eso la experiencia del ciudadano frente al arte se volvió más compleja. Durante siglos, muchas imágenes ofrecían referencias claras. En cambio, el arte moderno con frecuencia plantea preguntas sin dar respuestas directas. Pero esta ruptura no eliminó la responsabilidad del ciudadano. La hizo mayor. Cuando el arte deja de ofrecer un lenguaje compartido, el significado ya no puede

7. Isaiah Berlin, *The Roots of Romanticism* (Princeton: Princeton University Press, 1999), 1–20

8. Thierry de Duve, *Kant After Duchamp* (Cambridge, MA: MIT Press, 1996), 91–110.

9. John Richardson, *A Life of Picasso, Volume I: 1881–1906* (New York: Random House, 1991), 420–435.

sostenerse solo en la obra. Depende del juicio de quienes la reciben. El ciudadano debe preguntarse si esas imágenes revelan algo verdadero sobre su tiempo o si solo aumentan la fragmentación.

Al mismo tiempo, el arte respondió a las transformaciones de su época. La industrialización, la vida urbana y las crisis del siglo XX se volvieron temas centrales.

> **El arte moderno dejó de mostrar solo un orden compartido. También expuso tensiones, injusticias y fracturas. Así adquirió una función crítica. Pero para que esa crítica tenga sentido, la comunidad debe participar en su interpretación.**

Las obras pueden plantear preguntas. Las sociedades deciden si esas preguntas se convierten en comprensión o en simple provocación. La modernidad no solo liberó al artista. También exigió más del ciudadano. Una sociedad no pierde su lenguaje simbólico porque los artistas rompan con la tradición. Lo pierde cuando los ciudadanos dejan de examinar las imágenes que consumen y legitiman. Una sociedad no pierde imágenes. Pierde la capacidad de reconocerse en ellas.

Saturación: Significado Que Se Diluye

Si el arte moderno había comenzado a romper el lenguaje simbólico que muchas sociedades compartían, la cultura contemporánea llevó ese cambio todavía más lejos. La pregunta ya no es solo qué puede expresar el artista. Es qué ocurre con el ciudadano cuando las imágenes dejan de apuntar a un significado común y empiezan a organizarse alrededor de la visibilidad, la circulación y el impacto.[10]

Hoy las imágenes ya no se encuentran solo en templos, monumentos o museos. Están en las calles, en las pantallas, en los teléfonos y en las redes. La vida cotidiana está atravesada por representaciones que compiten de manera constante por la atención.

El cambio no es solo tecnológico. También transforma la relación entre el ciudadano y el significado de las imágenes. Durante siglos, muchas obras transmitían símbolos relativamente estables. Ahora, en cambio, las imágenes aparecen, circulan y desaparecen con rapidez. El problema no es la escasez de imágenes sino su abundancia.[11] Las tecnologías digitales aceleran aún más este proceso. Hoy ya no solo se editan o distribuyen imágenes. También se generan. Sistemas de inteligencia artificial permiten producir imágenes, estilos y escenas en segundos, muchas veces sin experiencia previa ni proceso creativo. Cuando las imágenes se multiplican sin un centro claro, el ciudadano ya no puede limitarse a mirarlas. Debe interpretarlas. Debe preguntarse qué representan, qué intención las produce y qué lugar ocupan dentro de la cultura de su tiempo. En este contexto, el significado deja de ser inmediato. Muchas obras ya no se explican por sí solas. Dependen del contexto y de la interpretación. La imagen no entrega un sentido, lo exige.

Los medios y la cultura popular ampliaron la circulación visual. La publicidad, el entretenimiento y las plataformas digitales llenaron el espacio público de símbolos que se repiten y compiten por atención. Esto modificó también la participación del ciudadano. Ya no es solo espectador, es consumidor, difusor y legitimador de imágenes. Con su atención y con lo que comparte, decide qué representaciones adquieren presencia.

---

10. Jean Baudrillard, *Simulacra and Simulation* (Ann Arbor: University of Michigan Press, 1994), 1–20.

11. Guy Debord, *The Society of the Spectacle* (New York: Zone Books, 1994), 12–24.

En este entorno, la circulación puede importar más que el contenido.[12] Una imagen puede volverse relevante no por su profundidad, sino por su capacidad de repetirse. Las redes sociales intensificaron esta dinámica. Millones de personas producen y comparten imágenes de forma constante. La vida cotidiana se documenta, se edita y se presenta visualmente. El ciudadano no solo observa, también produce. Las tecnologías digitales aceleran aún más este proceso. Las herramientas permiten crear imágenes con rapidez y multiplicarlas sin límite. La producción visual crece y el entorno se vuelve cada vez más saturado.

La experiencia del ciudadano ocurre dentro de este flujo continuo. Observar, interpretar, producir y compartir imágenes forma parte de la vida diaria. El arte, la publicidad, el entretenimiento y las redes ya no están separados. Se mezclan en una misma experiencia. Las imágenes ya no pertenecen a espacios definidos. Forman parte del intercambio constante. Y en ese entorno, la responsabilidad cambia.

Ya no se trata solo de mirar, sino de decidir qué sostener con la atención.

Ese instante no ocurre en las obras, ocurre en quien mira. Y en esa decisión también se contribuye en qué debe permanecer.

GLYONA: El Significado Que Desaparece

Durante siglos, el arte fue un lenguaje compartido que sostenía la memoria de los pueblos. Con el tiempo, ese equilibrio cambió. El arte se volvió más individual, más libre y más dispuesto a

12. Nicholas Mirzoeff, *How to See the World* (London: Pelican Books, 2015), 10–28.

cuestionar lo establecido. Pero hoy la transformación es más profunda. Habitamos un entorno donde las imágenes se producen sin pausa, circulan sin límite y se olvidan con la misma rapidez. En este escenario, el arte ya no compite solo por la belleza. Compite por tu atención.

Las tecnologías actuales amplifican este cambio. Sistemas capaces de generar imágenes en segundos, replicar estilos y producir variaciones infinitas llenan el espacio visual. La cantidad crece, pero el significado se vuelve inestable. Cuando crear deja de requerir esfuerzo, la pregunta ya no es quién produce, sino qué merece permanecer. Ahí aparece el punto crítico. El problema no es la abundancia de imágenes, es el uso de la atención. Porque aquello a lo que le prestas atención no solo ocupa tu tiempo. Define qué consideras importante, qué validas y qué permites que continúe. La atención no es pasiva, es una forma de elección. Cada imagen que sostienes valida un tipo de significado. Puede reforzar lo que tiene sentido o diluirlo. Puede elevar lo que una comunidad reconoce como valioso o normalizar lo que la fragmenta. Por eso esta decisión no es menor. No se trata solo de lo que miras. Se trata de lo que decides sostener.

En este punto, el arte deja de ser solo creación y se convierte en validación.

Por eso, en este tiempo, prestar atención también es asumir una responsabilidad. No todo lo que atrae merece ser mirado, no todo lo que circula merece ser validado y no toda imagen que impacta merece permanecer.

La pregunta es más exigente: ¿Lo que sostienes con tu atención fortalece un sentido coherente, promueve alguna forma de justicia y te acerca a la verdad? ¿O solo alimenta la repetición, la distracción y la pérdida de significado?

Si entregas tu atención sin criterio, otros decidirán por ti: algoritmos, tendencias e intereses que no necesariamente buscan preservar lo valioso. Pero si eliges con claridad, recuperas una función que ninguna tecnología puede reemplazar: reconocer.

Reconocer lo que tiene sentido, lo que eleva, lo que merece permanecer.

En este momento de la historia, el arte ya no define por sí solo lo que una sociedad es. Lo define también la forma en que sus ciudadanos lo reciben, lo interpretan y lo sostienen.

Porque una civilización no pierde su cultura cuando deja de crear imágenes. La pierde cuando deja de elegir qué significan.

***

Parte III
DONDE TODO SE DECIDE

GLYONA PRESS

ETICA

En algún punto, todas las grandes preguntas de la historia terminan regresando al mismo lugar: la persona. No a las leyes, ni a las instituciones, ni a los mercados, sino a la forma exacta en que cada individuo decide actuar cuando nadie lo está mirando. Ahí, en ese territorio sin mapas, comienza el carácter. Solemos discutir la ética como si fuera un conjunto de reglas externas; un sistema de normas, derechos y regulaciones que establece lo permitido y lo prohibido desde fuera. Hemos convertido la moral en un contrato legal. Sin embargo, la ética no nació como un código de conducta impuesto; antes de las doctrinas y los reglamentos, fue una disciplina personal: el arte de gobernarse a uno mismo.

Las civilizaciones antiguas comprendieron pronto una verdad que hoy parecemos olvidar: ninguna ley puede sustituir completamente al carácter. El Estado puede sancionar las conductas visibles, pero el orden real de una sociedad depende de decisiones que ninguna cámara puede registrar: la palabra que se cumple por honor, el impulso que se contiene por respeto y la responsabilidad que se asume sin necesidad de vigilancia. La ética verdadera surge en ese espacio interior donde decides qué hacer cuando no estás obligado a nada.

Este capítulo parte de una idea central: el orden de una sociedad no se construye desde el estado hacia las casas, sino desde el autocontrol de quienes la componen. Cuando el carácter sostiene la conducta, la ley es una simple orientación; pero cuando el carácter se debilita, ninguna estructura externa, por sofisticada que sea, logra mantener el mundo en pie. Por eso, antes de examinar sistemas o teorías complejas, es necesario volver al origen. Porque la civilización no es algo que nos sucede; es algo que decidimos ser. Y esa decisión comienza, inevitablemente, forjando nuestro propio carácter.

Carácter: El Gobierno De Uno Mismo

Medimos nuestra conducta por el miedo al castigo o el deseo de encaje social. Pero te hablo de algo distinto. La decisión real, la que verdaderamente construye o destruye una civilización, ocurre en un solo lugar: el espacio donde nadie te observa. Ahí, en el silencio de tu privacidad, es donde se define si actúas con criterio propio o si solo eres un sujeto que reacciona a estímulos externos. Hemos delegado nuestra ética a las estructuras. Esperamos que un algoritmo nos diga qué es justo, que una ley nos obligue a ser honestos o que una red social nos valide. Pero la ética nació con un propósito opuesto: el autogobierno.

Antiguamente, se entendía que ninguna norma podía preverlo todo. Los estoicos lo tenían claro: en un mundo de caos, lo único que realmente te pertenece es tu respuesta ante él. Aristóteles añadía una pieza clave: la virtud no es una iluminación repentina, es un hábito. No eres honesto porque lo decidiste una vez; eres honesto porque lo practicaste ayer, hoy y lo harás mañana, incluso si te cuesta dinero o prestigio. Hoy, tu campo de batalla es más sutil pero más constante. Cada vez que eliges no difundir un rumor cuya veracidad ignoras, aunque sea tentador. Cada vez que cumples un compromiso que nadie recordaba que hiciste. Cada vez que decides trabajar con excelencia en un proyecto donde podrías haber hecho el mínimo esfuerzo sin que nadie lo notara. En esos micro-instantes, estás sosteniendo el mundo.

El problema actual no es la falta de reglas; es la fragilidad de quienes deben sostenerlas. Las leyes orientan, pero no deciden. La tecnología facilita, pero no tiene conciencia. Si tu conducta depende de que alguien te mire, entonces no tienes carácter, tienes una máscara. Glyona es el momento en que comprendes que tú eres la última línea de defensa.

Si quieres transformar tu entorno, el próximo paso no es una protesta en las calles ni un voto cada cierto tiempo; es un ejercicio de coherencia privada. Empieza hoy con tres acciones invisibles:

1. Sostén una verdad incómoda cuando sea más fácil mentir para agradar.

2. Cumple una promesa pequeña que solo tú conozcas.

3. Mantén el rigor en una tarea que nadie va a supervisar.

Una civilización no se derrumba por grandes catástrofes, sino por la suma de millones de pequeñas renuncias éticas en privado. Del mismo modo, se levanta cuando sus ciudadanos deciden que su palabra y su conducta valen más que la conveniencia del momento. La pregunta final ya no es qué mundo te tocó vivir. La pregunta es: ¿Quién eres tú cuando nadie te ve?

Interioridad: El Juez Que No Se Ve

Si el carácter es la armadura visible de nuestras acciones, la interioridad es el taller donde esa armadura se forja. Hoy solemos creer que la moral es un asunto privado, una especie de "menú a la carta" donde cada uno interpreta lo correcto según su propia experiencia. Decimos: "esta es mi verdad". Pero, al hacerlo, corremos el riesgo de perder la brújula común. Este giro hacia el interior no es un invento moderno. El cristianismo cambió las reglas del juego hace siglos: trasladó el juicio del tribunal público a la conciencia privada. Ya no bastaba con parecer honrado frente a los demás (el honor antiguo); ahora importaba la intención. La pregunta dejó de ser "qué hiciste" para convertirse en "¿por qué lo hiciste?". Este cambio hizo que la ética fuera mucho más exigente. Ya no puedes esconderte detrás del cumplimiento de la ley. Puedes pagar tus impuestos, pero ¿lo haces por civismo o solo por miedo a la multa? Puedes ayudar a un vecino, pero ¿lo haces por generosidad o para alimentar tu ego en redes sociales?

En ese espacio eléctrico de tu mente, donde no llegan las leyes ni las cámaras, es donde reside tu verdadera autoridad. Las tradiciones antiguas llamaban a esto el "examen de conciencia": una auditoría implacable de tus propias intenciones. No era un ejercicio de culpa, sino de autoconocimiento. Era entender que, si no eres capaz de gobernarte por dentro, terminarás siendo esclavo de tus impulsos o de las opiniones ajenas. Sin embargo, hoy vivimos una tensión peligrosa. Al convertir la conciencia en el único juez, hemos empezado a usarla para justificarnos en lugar de para exigirnos. Adaptamos nuestros principios a la situación: "esta vez no cuenta", "todos lo hacen", "es por un bien mayor". Cuando tu interior deja de ser un lugar de examen y se convierte en una sala de excusas, la civilización empieza a agrietarse. Glyona es el instante en que dejas de ser un abogado de tus errores para convertirte en su juez. No necesitas que el mundo cambie para empezar. Tu transformación personal en este capítulo exige un paso directo: la honestidad brutal contigo mismo.

A partir de hoy, antes de actuar, detente un segundo y hazte estas tres preguntas:

1. La Prueba de la Intención: Si nadie se enterara jamás de esta buena acción, ¿la seguiría haciendo?

2. La Prueba de la Justificación: ¿Estoy defendiendo lo que es justo, o solo estoy defendiendo lo que me conviene en este momento?

3. La Prueba del Espejo: ¿Exijo a los demás el mismo nivel de integridad que me exijo a mí mismo cuando estoy a solas?

La ética se trasladó a tu interior para darte libertad, no para darte permiso. Una sociedad de ciudadanos que no se examinan a sí mismos es una sociedad condenada a ser vigilada por otros. La pregunta ya no es qué piensas que es correcto. La pregunta es: ¿Tienes el valor de enfrentarte a la verdad de tus propias intenciones?

Autonomía: El Criterio Que Decides Sostener

Durante siglos, no tuvimos que preguntarnos qué era lo correcto; la respuesta estaba escrita en la religión, la tradición o la palabra de una autoridad. El mapa moral venía trazado de antemano. Pero hoy, ese mapa se ha desvanecido. Las normas siguen ahí, pero su fundamento ya no es sagrado ni compartido por todos. En este vacío, surge la pregunta definitiva: ¿Eres capaz de sostener tu conducta usando solo tu razón? Esta no es una pregunta nueva. En los siglos XVII y XVIII, la Ilustración se atrevió a proponer algo revolucionario: que el ser humano podía, y debía, pensar por sí mismo. Immanuel Kant lo resumió en una regla de oro tan simple como implacable: antes de actuar, pregúntate si te gustaría que tu conducta se convirtiera en una ley universal. Si no quieres que todo el mundo haga lo mismo que tú estás a punto de hacer, entonces no es moral. Aquí la ética deja de ser obediencia y se convierte en autonomía. Tu dignidad ya no depende del cargo que ocupas ni de a quién sigues, sino de tu capacidad para gobernarte con criterio. Es un ascenso en libertad, pero un aumento brutal en responsabilidad.

El problema es que la razón es una herramienta de doble filo. Es excelente para encontrar la verdad, pero es aún mejor para fabricar excusas. Todos hemos estado ahí. Sabemos que algo no sería aceptable si lo hicieran los demás, pero buscamos la excepción para nosotros: *"Solo por esta vez"*, *"Mi caso es distinto"*, *"Nadie se va a enterar"*. En ese instante, dejas de ser un ciudadano autónomo y te conviertes en un oportunista. La razón te ofrece el criterio, pero no te garantiza la voluntad para seguirlo. Glyona es el momento en que decides no ser la excepción a tus propios principios. La transformación personal en este punto no requiere de grandes discursos, sino de una coherencia lógica inquebrantable.

Te propongo un ejercicio de "Higiene Mental" en tus próximas decisiones:

1. La Prueba de la Universalidad: Antes de tomar una decisión dudosa, detente y piensa: ¿Me parecería bien que todos mis vecinos, colegas y gobernantes hicieran exactamente esto mismo? Si la respuesta es "no", detente.

2. El Filtro del Privilegio: Pregúntate si estás usando una regla para ti y otra distinta para los demás. La verdadera autonomía no acepta privilegios morales.

3. La Decisión sin Instrucciones: La próxima vez que te encuentres en una zona gris donde no haya una ley clara que te prohíba algo, no busques qué dice el reglamento; busca qué dice tu lógica sobre lo que es justo.

La autonomía es el deber de ser tu propio legislador. Si esperas a que alguien te diga qué hacer para actuar correctamente, sigues siendo un niño moral. Una civilización de adultos es aquella donde cada individuo es capaz de decir: "Hago esto no porque me obliguen, sino porque es lo que la razón dicta para cualquier ser humano digno". La pregunta ya no es si los principios racionales existen. La pregunta es: ¿Estás dispuesto a aplicarlos incluso cuando el resultado no te beneficia?

Libertad: La Responsabilidad De Elegir

Hoy, la libertad es el centro de nuestra existencia. Tenemos la capacidad de decidir cómo vivir, en qué creer y qué valores defender. La elección se ha convertido en el eje de nuestra experiencia moral. Sin embargo, en este camino ha ocurrido un cambio silencioso pero profundo: la libertad ha dejado de entenderse como responsabilidad para vivirse simplemente como posibilidad. Elegir ya no implica necesariamente sostener un criterio firme; a menudo, significa simplemente optar por lo que resulta más cómodo o conveniente en el momento.

En nuestras sociedades diversas, los acuerdos sobre lo que es correcto se han vuelto difusos. El bien y el mal han dejado de ser referencias compartidas para interpretarse desde la experiencia individual. Esto, aunque amplía nuestro margen de movimiento, debilita nuestro punto de apoyo. La ética no ha desaparecido, pero se ha fragmentado. El "deber" se percibe ahora como una imposición externa, mientras que la "autenticidad" y la "autoexpresión" han ganado todo el peso.

El problema es que, cuando todo se vuelve subjetivo, el límite desaparece. Y ese cambio no es solo un fenómeno cultural; es una batalla personal que libras cada día. Aparece cada vez que adaptas tus principios a la situación para no incomodarte. Cada vez que justificas una decisión solo porque "tienes el derecho" de hacerlo, sin preguntarte si es lo justo. Cada vez que priorizas el beneficio inmediato sobre el valor permanente. Tienes el poder de elegir, sí, pero no todas las elecciones sostienen el mundo de la misma manera. Puedes decidir con criterio o dejarte llevar; puedes sostener un principio o ajustarlo a tu conveniencia. Glyona es el recordatorio de que la responsabilidad no desaparece cuando aumenta la libertad; al contrario, se vuelve más pesada.

Para que tu libertad no sea solo un capricho, te invito a pasar por estos tres filtros en tu próxima gran decisión:

1. El Filtro de la Permanencia: Esta elección que vas a tomar, ¿la sostendrías con el mismo orgullo dentro de diez años, o es solo una solución rápida para hoy?

2. El Filtro del Espejo Social: Si tu decisión fuera el estándar por el cual todos los demás se rigieran mañana, ¿viviríamos en una sociedad mejor o peor?

3. El Filtro de la Renuncia: ¿Eres libre de decir "no" a algo que te beneficia pero que daña tu integridad? La verdadera libertad no es hacer lo que quieres, sino tener el poder de hacer lo que es correcto.

La libertad sin responsabilidad es solo ruido. Una civilización fuerte no es aquella donde cada uno hace lo que le place, sino aquella donde cada ciudadano usa su libertad para elegir, voluntariamente, lo que es justo para todos. La pregunta ya no es si hoy podemos elegir más que antes. La pregunta es: ¿Qué es lo que sostiene tus decisiones cuando parece que todo está permitido?

A LAS PUERTAS DE GLYONA

Las civilizaciones suelen explicar su destino mirando hacia afuera: la política, la economía, la cultura o la tecnología. Pero la historia muestra otra cosa.

Egipto tuvo orden, Roma tuvo leyes, La Edad Media tuvo fe. La modernidad tiene ciencia y tecnología. Cada época creyó haber encontrado la fórmula capaz de sostener el mundo. Y todas descubrieron lo mismo: ningún sistema resuelve lo que el individuo evita. Todo depende de algo más simple: la conducta humana. Una civilización se mantiene cuando sus ciudadanos asumen su responsabilidad y comienza a debilitarse cuando dejan de hacerlo.

No ocurre de un día para otro. Empieza antes, en decisiones pequeñas. En lo que se tolera, en lo que se ignora, en lo que se deja pasar. Las estructuras pueden seguir en pie. Pero su fundamento se pierde. Por eso, la pregunta final no es qué mundo te tocó vivir. Es si estás dispuesto a sostenerlo. Porque la civilización no se conserva sola, no se defiende sola, no se transmite sola. Depende de lo que cada uno esté dispuesto a hacer sin ser forzado por leyes.

Ese riesgo no desaparece, permanece. Siempre estamos cerca de ese punto en el que los pilares empiezan a ceder. Glyona no es una puerta que se cruza. Es un momento que puede ocurrir. Y su desenlace no depende del sistema, sino de lo que cada uno decide hacer.

Evitarlo no exige un acto extraordinario. Exige algo más simple y, a la vez, más difícil: sostener lo correcto cuando nadie mira, mantener el criterio cuando otros lo abandonan, actuar porque es tu deber.

Porque cuando las estructuras dejan de sostener el orden, ya no hay nada que las reemplace.

Solo queda una pregunta:

si tú lo sostienes… o lo dejaras caer.

"Haz de la defensa de la justicia el sentido de tu vida. Reconoce en el prójimo la misma dignidad que buscas para ti y busca la verdad como guía de cada una de tus decisiones. Porque solo una sociedad unida por la justicia puede fortalecer sus lazos, legitimar sus instituciones y mantener bajo control el poder que actúa en su nombre."

BIBLIOGRAFÍA

Egipto: El Orden Que Se Vive

- Assmann, Jan. *The Mind of Egypt: History and Meaning in the Time of the Pharaohs*. New York: Metropolitan Books, 2002.

- Faulkner, Raymond O., trans. *The Ancient Egyptian Book of the Dead*. Austin: University of Texas Press, 1990.

- Hornung, Erik. *Conceptions of God in Ancient Egypt: The One and the Many*.

- Ithaca: Cornell University Press, 1982.Shaw, Ian, ed. *The Oxford History of Ancient Egypt*. Oxford: Oxford University Press, 2000.

- Wilkinson, Toby. *The Rise and Fall of Ancient Egypt*. New York: Random House, 2010.

Zoroastro: La Elección Que Sostiene El Mundo

- Boyce, Mary. *Zoroastrians: Their Religious Beliefs and Practices*. London: Routledge, 1979.

- Hinnells, John R. *Zoroastrians in Britain: The Oral History of a Religion*. Oxford: Oxford University Press, 1996.

- Rose, Jenny. *Zoroastrianism: An Introduction*. London: I.B. Tauris, 2011.

Judaísmo: La Ley Que Forma La Vida

- Goodman, Martin. *Rome and Jerusalem: The Clash of Ancient Civilizations*. New York: Vintage Books, 2007.

- Neusner, Jacob. *Judaism: An Introduction*. London: Penguin Books, 2004.

- Smith, Mark S. *The Origins of Biblical Monotheism: Israel's Polytheistic Background and the Ugaritic Texts*. Oxford: Oxford University Press, 2001.

Cristianismo: La Conciencia Que Responde

- Brown, Peter. *The Rise of Western Christendom*. Malden, MA: Blackwell Publishing, 2003.

- MacCulloch, Diarmaid. *Christianity: The First Three Thousand Years*. New York: Viking, 2009.

- Wright, N. T. *Jesus and the Victory of God*. Minneapolis: Fortress Press, 1996.

Mesopotamia: La Ley Que Involucra

- Bottéro, Jean. *Mesopotamia: Writing, Reasoning, and the Gods*. Chicago: University of Chicago Press, 1992.

- Roth, Martha T., trans. *Law Collections from Mesopotamia and Asia Minor*. 2nd ed. Atlanta: Scholars Press, 1997.

- Van De Mieroop, Marc. *A History of the Ancient Near East ca. 3000–323 BC*. Malden, MA: Blackwell, 2007.

China Han: La Virtud Que Ordena

- Confucius. *The Analects.* Translated by D. C. Lau. London: Penguin Classics, 1979.

- Lewis, Mark Edward. *The Early Chinese Empires: Qin and Han*. Cambridge, MA: Harvard University Press, 2007.

- Yao, Xinzhong. *An Introduction to Confucianism*. Cambridge: Cambridge University Press, 2000.

Roma Republicana: La Ley Que Se Defiende

- Ando, Clifford. *Imperial Ideology and Provincial Loyalty in the Roman Empire*. Berkeley: University of California Press, 2000.

- Beard, Mary. *SPQR: A History of Ancient Rome*. New York: Liveright Publishing, 2015.

- Goldsworthy, Adrian. *Caesar: Life of a Colossus*. New Haven: Yale University Press, 2006.

- Lintott, Andrew. *The Constitution of the Roman Republic*. Oxford: Oxford University Press, 1999.

- Millar, Fergus. *The Crowd in Rome in the Late Republic*. Ann Arbor: University of Michigan Press, 1998.

Incas: La Responsabilidad Que Sostiene

- Lum-breras, Luis Guillermo. *Los Orígenes de la Civilización en el Perú*. Lima: Milla Batres, 1974.

- Pease G. Y., Franklin. *Los Incas: Una Introducción*. Lima: Pontificia Universidad Católica del Perú, 1991.

- Rostworowski, María. *Historia del Tahuantinsuyo*. Lima: Instituto de Estudios Peruanos, 1988.

Grecia: El Examen De Lo Real

- Aristotle. *Metaphysics*. Translated by W. D. Ross. Oxford: Oxford University Press, 1924.

- Plato. *Apology*. In *Plato: Complete Works*, edited by John M. Cooper. Indianapolis: Hackett Publishing, 1997.

- Plato. *Republic*. In *Plato: Complete Works*, edited by John M. Cooper. Indianapolis: Hackett Publishing, 1997.

Israel: La Verdad Supera La Corona

- Abraham Joshua Heschel, *The Prophets*. New York: Harper & Row, 1962.

- *La Biblia de Jerusalén*. Bilbao: Desclée de Brouwer, 2009.

- Walter Brueggemann, *The Prophetic Imagination*. Minneapolis: Fortress Press, 2001.

La Ilustración: El Deber De Pensar

- Baruch Spinoza. *Tratado teológico-político*. Traducido por Atilano Domínguez. Madrid: Alianza Editorial, 2014.

- Immanuel Kant. "Respuesta a la pregunta: ¿Qué es la Ilustración?" En *¿Qué es la Ilustración?*, traducido por Roberto Rodríguez Aramayo. Madrid: Alianza Editorial, 2004.

- Jonathan Israel. *Radical Enlightenment: Philosophy and the Making of Modernity 1650–1750*. Oxford: Oxford University Press, 2001.

- René Descartes. *Meditaciones metafísicas*. Traducido por Manuel García Morente. Madrid: Alianza Editorial, 2005.

- Voltaire. *Tratado sobre la tolerancia*. Traducido por Mauro Armiño. Madrid: Alianza Editorial, 2007.

La Modernidad: La Verdad Que Se Disputa

- Hannah Arendt. *Eichmann in Jerusalem: A Report on the Banality of Evil*. New York: Viking Press, 1963.

- Hannah Arendt. *The Origins of Totalitarianism*. New York: Harcourt, Brace & Company, 1951.

- Michel Foucault. *Power/Knowledge: Selected Interviews and Other Writings, 1972–1977*. Editado por Colin Gordon. New York: Pantheon Books, 1980.

- Neil Postman. *Amusing Ourselves to Death: Public Discourse in the Age of Show Business*. New York: Penguin Books, 1985.

- Shoshana Zuboff. *The Age of Surveillance Capitalism: The Fight for a Human Future at the New Frontier of Power*. New York: PublicAffairs, 2019.

Persia: El Poder Que Integra

- Amélie Kuhrt. *The Persian Empire: A Corpus of Sources from the Achaemenid Period*. London: Routledge, 2007.

- Herodotus. *The Histories*. Traducido por Aubrey de Sélincourt. London: Penguin Classics, 2003.

- Pierre Briant. *From Cyrus to Alexander: A History of the Persian Empire*. Winona Lake, IN: Eisenbrauns, 2002.

Macedonia: El Poder Que Se Concentra

- Aristotle. *Politics*. Traducido por C. D. C. Reeve. Indianapolis: Hackett Publishing, 1998.
- Herodotus. *The Histories*. Traducido por Aubrey de Sélincourt. London: Penguin Classics, 2003.
- Robin Lane Fox. *Alexander the Great*. London: Penguin Books, 2004.

Roma Imperial: El Poder Que Se Legitima

- Cicero. *De Re Publica; De Legibus*. Traducido por Clinton W. Keyes. Cambridge, MA: Harvard University Press, 1928.
- Cassius Dio. *Roman History*. Traducido por Earnest Cary. Cambridge, MA: Harvard University Press, 1917.
- Edward Gibbon. *The History of the Decline and Fall of the Roman Empire*. London: Penguin Classics, 1994.
- Mary Beard. *SPQR: A History of Ancient Rome*. New York: Liveright Publishing, 2015.
- Peter Heather. *The Fall of the Roman Empire: A New History of Rome and the Barbarians*. Oxford: Oxford University Press, 2005.

Ciudadano Representado: El Poder Que Delegas

- Held, David. *Models of Democracy*. 3rd ed. Stanford: Stanford University Press, 2006.
- Hobbes, Thomas. *Leviathan*. Cambridge: Cambridge University Press, 1996.

- Locke, John. *Two Treatises of Government*. Cambridge: Cambridge University Press, 1988.

- Manin, Bernard. *The Principles of Representative Government*. Cambridge: Cambridge University Press, 1997.

- Montesquieu. *The Spirit of the Laws*. Cambridge: Cambridge University Press, 1989.

- Rousseau, Jean-Jacques. *The Social Contract*. Translated by Maurice Cranston. London: Penguin Classics, 1968.

Ciudadano Administrado: El Sistema Que Decide Por Ti

- Arendt, Hannah. *Eichmann in Jerusalem: A Report on the Banality of Evil*. New York: Penguin Books, 2006.

- Tilly, Charles. *Coercion, Capital, and European States, AD 990–1992*. Cambridge, MA: Blackwell, 1992.

- Tocqueville, Alexis de. *Democracy in America*. Translated by Harvey C. Mansfield and Delba Winthrop. Chicago: University of Chicago Press, 2000.

- Weber, Max. *Economy and Society: An Outline of Interpretive Sociology*. Edited by Guenther Roth and Claus Wittich. Berkeley: University of California Press, 1978.

Política Ideológica: La Realidad Simplificada

- Gaddis, John Lewis. *The Cold War: A New History*. New York: Penguin Press, 2005.

- Judt, Tony. *Postwar: A History of Europe Since 1945*. New York: Penguin Press, 2005.

- Postman, Neil. *Amusing Ourselves to Death: Public Discourse in the Age of Show Business*. New York: Penguin Books, 1985.

- Westad, Odd Arne. *The Cold War: A World History*. New York: Basic Books, 2017.

El Espectáculo: La Atención Sin Análisis

- Castells, Manuel. *Communication Power*. Oxford: Oxford University Press, 2009.

- Han, Byung-Chul. *The Transparency Society*. Stanford: Stanford University Press, 2015.

- Postman, Neil. *Amusing Ourselves to Death: Public Discourse in the Age of Show Business*. New York: Penguin Books, 1985.

- Schmitt, Carl. *Political Theology: Four Chapters on the Concept of Sovereignty*. Translated by George Schwab. Chicago: University of Chicago Press, 2005.

Tierra Y Oficio: El Valor Visible

- Diamond, Jared. *Guns, Germs, and Steel: The Fates of Human Societies*. New York: W. W. Norton & Company, 1997.

- Pirenne, Henri. *Medieval Cities: Their Origins and the Revival of Trade*. Princeton: Princeton University Press, 1925.

- Polanyi, Karl. *The Great Transformation: The Political and Economic Origins of Our Time*. Boston: Beacon Press, 2001.

- Smith, Adam. *An Inquiry into the Nature and Causes of the Wealth of Nations*. New York: Modern Library, 2000.

La Fábrica: El Valor Que Se Divide

- Allen, Robert C. *The British Industrial Revolution in Global Perspective*. Cambridge: Cambridge University Press, 2009.

- Mokyr, Joel. *The Enlightened Economy: An Economic History of Britain 1700–1850*. New Haven: Yale University Press, 2009.

- Polanyi, Karl. *The Great Transformation: The Political and Economic Origins of Our Time*. Boston: Beacon Press, 2001.

- Smith, Adam. *An Inquiry into the Nature and Causes of the Wealth of Nations*. New York: Modern Library, 2000.

El Crédito: El Valor Que Se Anticipa

- Ferguson, Niall. *The Ascent of Money: A Financial History of the World*. New York: Penguin Press, 2008.

- Keynes, John Maynard. *The General Theory of Employment, Interest and Money*. London: Macmillan, 1936.

- Malkiel, Burton G. *A Random Walk Down Wall Street*. New York: W. W. Norton & Company, 2019.

- Minsky, Hyman P. *Stabilizing an Unstable Economy*. New York: McGraw-Hill, 2008.

Los Datos: El Valor Que No Se Percibe

- Mayer-Schönberger, Viktor, and Kenneth Cukier. *Big*

Data: A Revolution That Will Transform How We Live, Work, and Think. Boston: Houghton Mifflin Harcourt, 2013.

- Srnicek, Nick. *Platform Capitalism*. Cambridge: Polity Press, 2017.

- Wu, Tim. *The Attention Merchants: The Epic Scramble to Get Inside Our Heads*. New York: Alfred A. Knopf, 2016.

- Zuboff, Shoshana. *The Age of Surveillance Capitalism*. New York: PublicAffairs, 2019.

Lenguaje Compartido: Significado Que Une

- Clark, Kenneth. *The Nude: A Study in Ideal Form*. Princeton: Princeton University Press, 1956.

- Wilkinson, Toby. *The Rise and Fall of Ancient Egypt*. New York: Random House, 2010.

- Zanker, Paul. *The Power of Images in the Age of Augustus*. Ann Arbor: University of Michigan Press, 1988.

Mirada Individual: El Significado Que Se Expresa

- Eco, Umberto. *Art and Beauty in the Middle Ages*. New Haven: Yale University Press, 1986.

- Panofsky, Erwin. *Renaissance and Renascences in Western Art*. New York: Harper & Row, 1960.

- Simson, Otto von. *The Gothic Cathedral: Origins of Gothic Architecture and the Medieval Concept of Order*. Princeton: Princeton University Press, 1988.

- Vasari, Giorgio. *Lives of the Artists*. Translated by George

Bull. London: Penguin Classics, 1987.

Ruptura: El Significado Que Se Fragmenta

- Berlin, Isaiah. *The Roots of Romanticism*. Princeton: Princeton University Press, 1999.
- Bürger, Peter. *Theory of the Avant-Garde*. Minneapolis: University of Minnesota Press, 1984.
- de Duve, Thierry. *Kant After Duchamp*. Cambridge, MA: MIT Press, 1996.
- Richardson, John. *A Life of Picasso, Volume I: 1881–1906*. New York: Random House, 1991.

Saturación: El Significado Que Se Diluye

- Baudrillard, Jean. *Simulacra and Simulation*. Ann Arbor: University of Michigan Press, 1994.
- Debord, Guy. *The Society of the Spectacle*. New York: Zone Books, 1994.
- Manovich, Lev. *AI Aesthetics*. Moscow: Strelka Press, 2018.
- Mirzoeff, Nicholas. *How to See the World*. London: Pelican Books, 2015.

www.ingramcontent.com/pod-product-compliance
Lightning Source LLC
LaVergne TN
LVHW010839120826
845149LV00017B/3309